三菱経済研究所

消費者行動の理論と実証

今井 晋

三菱経済研究所

まえがき

　本書では，近年マーケティングと産業組織論の分野で研究が行われてきた，消費者のより現実的な分析に関して，筆者が行ってきた研究とそれに関する文献を報告する.

　最初にミクロ経済学の基本的な消費者理論を解説し，その非現実性を2点にわたり指摘する. その一つは，購買量と消費量が一致していることである. それが全く非現実的であることの一例として，歯磨き粉の消費を考察する. 我々は毎日歯を磨くが，歯磨き粉を購入する頻度は1か月に一回である. その他多くの商品にも同様のことが言える. そして非購買期間でも消費を行えるように，消費者は多くの商品を購買後在庫として保有する. 本書では，そのような消費者在庫モデルの理論と実証の解説を行う.

　さらに，ミクロ経済学の消費者理論では，消費者は商品の品質に関して消費前に完全情報を得ていると仮定するが，情報の非対称性の理論では，その仮定が成立しない場合，宣伝広告が商品の品質のシグナルとなることを示した. 多くのモデルは，消費者が消費直後に商品に関する完全な情報を得ると仮定しているが，消費者が数多くの消費経験や，宣伝広告の視聴経験を通じて製品の品質を学習する学習モデルのもとでは均衡そのものも異なる可能性がある. 本書では，そのような情報の非対称性と消費者の学習との関係を主に実証的に議論する.

　消費者在庫理論の理論的，実証的分析は，小売企業のセールなどの価格戦略の効果に関する理解をより深め，シグナル理論と学習理論の分析は，企業の宣伝広告戦略の社会的役割に関する議論につながる.

　第1章では，伝統的なミクロ経済学の消費者理論を解説し，その非現実性を指摘する. その後，在庫理論の理論と実証を解説し，筆者が現在行っている研究を紹介する.

　第2章では，宣伝広告のシグナル理論の概略を説明し，その学習モデルとの関係を示す. その次に学習モデルの推定に関する先行研究を説明し，最後に筆者が行った，学習理論とシグナルとの関係を調べる実験とその結果を説明する.

2021 年 1 月

今井　晋

目次 ───────────────────────────────

第1章

消費者在庫の理論と実証

第1節　伝統的な消費者理論

　本章では，伝統的な消費関数を考察する．例として，消費者の効用関数は財1，財2の関数であるとして，$U(C_1, C_2)$ と表す．ここでは C_1 は財1の消費量，C_2 は財2の消費量である．効用関数は財1，財2の増加関数であると仮定する．財1の価格を P_1，財2の価格を P_2 とすると，消費者が財1，2を C_1, C_2 の量で消費するときの支出は $P_1C_1 + P_2C_2$ である．

　消費者の所得を I とする．消費者は支出が所得を超えないようにしなければならないと考えると，以下のような予算制約式が得られる．

$$P_1C_1 + P_2C_2 \leq I$$

　そこで，合理的な消費者は，予算制約のもとで効用を最大化するように消費量を選ぶとする．より厳密には，消費者は以下の問題を解くと考える．

$$Max_{|C_1, C_2|} \ U(C_1, C_2)$$

Subject to（制約条件）：$P_1C_1 + P_2C_2 \leq I$

　仮定により効用関数は消費する財の増加関数であるので，消費者が効用を最大化すると，予算制約式において等号が成立する．このような等号制約条件のもとでの最大化問題を解く一つのやり方は，予算制約式を用いて，C_2 を C_1 の関数として表し，それを効用関数に直接代入することである．つまり，以下のように条件付き最大化問題を条件なし最大化問題に書き換えることである．

$$Max_{\{C_1\}}U\left(C_1, \frac{I}{P_2} - \frac{P_1}{P_2}C_1\right)$$

ここで，$U_i\left(C_1, C_2\right) \equiv \partial U\left(C_1, C_2\right)/\partial C_i$ は財 $j \neq i$ を所与として，効用関数を財 i で偏微分したものであり，財 i の限界効用と呼ぶ．以下のように効用最大化の一階の条件を求めると，

$$U_1\left(C_1, C_2\right) + U_2\left(C_1, C_2\right)\left[\frac{-P_1}{P_2}\right] = 0$$

つまり，

$$\frac{U_1\left(C_1, C_2\right)}{U_2\left(C_1, C_2\right)} = \frac{P_1}{P_2} \tag{1.1.1}$$

の関係が得られる．そして，予算制約式は

$$P_1C_1 + P_2C_2 = I \tag{1.1.2}$$

であるので，式 $(1.1.1)$，$(1.1.2)$ から最適消費量 C_1, C_2 を求めることができる．

　例として Cobb-Douglas 型の効用関数を考える．つまり，効用関数は

$$U\left(C_1, C_2\right) = C_1^{\alpha}C_2^{\beta}$$

であると設定する．すると，

$$U_1\left(C_1, C_2\right) = \alpha C_1^{\alpha-1}C_2^{\beta} \tag{1.1.3}$$
$$U_2\left(C_1, C_2\right) = \beta C_1^{\alpha}C_2^{\beta-1} \tag{1.1.4}$$

であり，式 $(1.1.1)$，$(1.1.3)$，$(1.1.4)$ より，

$$\frac{U_1\left(C_1, C_2\right)}{U_2\left(C_1, C_2\right)} = \frac{\alpha C_2}{\beta C_1} = \frac{P_1}{P_2}$$

が成立し，よって，

$$\frac{\alpha P_2 C_2}{\beta P_1 C_1} = 1$$

が成り立つ．この結果を予算制約式 (1.1.2) に導入すると，

$$P_1 C_1 + P_2 C_2 = \left[1 + \frac{\beta}{\alpha}\right] P_1 C_1 = I$$

が成立し，最適消費のベクトル (C_1^*, C_2^*) は以下のように導き出される．

$$C_1^* = \frac{\alpha}{\alpha + \beta} \frac{I}{P_1}$$
$$C_2^* = \frac{\beta}{\alpha + \beta} \frac{I}{P_2}$$

このように，最適消費量は所得と価格の連続関数である．

　以上のような理論的結果をそのまま現実の消費行動に応用することは，以下の点を十分に考慮していないことになる．

　1. 消費者が購入する商品はある所与の容量の容器に入っており，消費者はその商品の購入個数を選ぶことができる．しかし消費者は商品の任意の分量を購入することができない．

　2. 消費者は店舗に行くためには金銭的，時間的費用がかかるので，いつ何時でも店舗に行くわけではない．

　3. 消費者は購入する商品に関して購入前には完全な情報を持っていない．

　このような現実とのかい離の問題は経済学者の間では認識されていたが，不完全情報以外の問題点は，1990 年代まではあまり研究されなかった．その一つの理由は，以上で述べた理論と現実とのかい離が明確に現れるような精緻なデータを経済学者が実証研究に使わなかったからである．それまで多くの経済学者は個人の消費，貯蓄，労働供給などの分析に関して PSID（Panel Study of Income Dynamics）または NLSY（National Longitudinal Survey of Youth）79, 97 などのパネル・データを用いていたが，PSID では家計の消費として一年間の食費の総和，そしてその中の外食費の総和が収録されているが，それ以外はあまり調査されていない．また NLSY79 では消費支出自体のデータ

は少なく，毎年調査時点での資産の保有額と所得のみが質問項目に入っていたので，資産の異時点間の変化から貯蓄を導出し，毎年調査される所得から貯蓄を引いたものを総消費量とし，それを消費データとして用いることが行われた．CES（Consumer expenditure Survey: 消費支出調査）はより詳しく調査が行われており，大まかな品目別の年単位の購買支出が記録されている．以上のようなデータでは，自動車，家屋などの高額商品の購入以外は，毎年の消費は近似的には連続変数としてとらえても差し支えないと考えられていた．よって，静学モデルを用いて消費を分析する場合は，ミクロの静学的な消費理論をそのまま用いても問題はないと考えられていた．

　以上で述べた問題点のために，マーケティング論ではミクロの基礎的な消費理論は採用されなかった．マーケティングの研究者はマーケティング戦略の分析のために，現実の消費者の購買行動をより詳しく分析する必要があった．そのために，彼らは経済学者より早くから消費者の購買履歴データを収集して分析してきたが，そこに記録されている詳細な消費行動は標準的なミクロ理論から導き出される行動とは大きく異なるものであった．

　そのようなかい離とその含意をより具体的に議論するために，古典的な消費モデルを購買履歴データに記録されている消費行動にそのまま当てはめると，どのような結論が得られるかを考えてみよう．例として，液体洗剤を取り上げてみる．つまり，C_1 を液体洗剤の消費量として，C_2 をその他の財の消費量とする．ある消費者は，液体洗剤を1か月に1度1キログラム程度の容器のものを1個購入するとする．すると，古典的な消費理論をそのまま用いると，購入時点において消費者は $C_1 = 1$ キログラムを消費していることになる．よって，その消費者は購入日に1か月に1度だけの，1キログラムの洗剤を全て使いきってしまうような大々的な洗濯を行い，次の洗剤購入日まではいくら衣類が汚れても，全く洗濯を行わない行動をとっていることになる．1か月に1度だけ1キログラムの洗剤を購入する消費者はある一定数データでは観測されるが，以上に述べたような洗濯を行う消費者は一人もいないことが断言できる．

　このように，購買と消費のタイミングが必ずしも一致する必要がない場合は，消費者は価格が低いときに好みの商品を購入し，それを在庫として保有

しつつ消費を行うことができる．よって，企業はセールを行うことによって，消費者に大量に自社ブランドの商品を買ってもらい，在庫として保有してもらうことができる．すると，消費者は在庫がなくなるまで他社商品の購入を控えるようになる．つまり，購買と消費のタイミングが異なる財の場合，販売戦略は将来の消費にも影響を与える効果がある．しかし，古典的な消費者理論では，消費者の購入と消費が一致するので，このようなセールの機能を分析しにくい．

　以上のような考察に基づき，これからは古典的な消費者のモデルとは大幅に異なる，より現実的なモデルの分析を行う．しかし，消費者の効用最大化の考え方は引き続き受け入れることにする．

第2節　消費者在庫の理論

　これまでの考察から，消費者のある時点での購買量と消費量は必ずしも一致しないと考えることが現実的であることがわかった．そこで，そのようなモデルの代表的なものとして，在庫モデルを考察し，その理論，実証分析を紹介する．まず，最も簡単な消費者の在庫モデルである，Boizot et. al.（2001）のモデルを説明する．その在庫モデルの最も簡単なバージョンでは，以下の事柄を仮定する．

1. 消費者の消費行動：個人はある財を毎期一定の消費量 c 単位だけ消費するとする．その財にはブランドの区別はないとする．
2. 購買費用：消費者の購買費用は，購入した財に支払われる代金のみである．つまり，店舗に行く費用，購買の意思決定を行う認知コストなどはゼロであるとする．
3. 在庫費用：消費者が購入した財を在庫として保存する費用はゼロであるとする．
4. 価格は T 期の間，通常価格 P で販売され，T 期後セール価格 $P_s < P$ で販売される．

このような仮定の下では，消費者はセール（値引き）のときに cT だけその財を購入し，次のセールまでの T 期間，通常価格 P での購入を一切行わず，在庫を取り崩す形で消費を続けるとする．すると，ちょうどセールの直前に在

庫がゼロとなる．よって，消費者は cT だけの財を全てセール価格 P_s で購入できるので，全体の購入費用は $P_s cT$ であり，それが最小費用である．よって，そのような購買行動が購買費用を最小化し，効用を最大化する．

　次に，在庫費用がある場合を考えてみる．まず，在庫が x ある場合の在庫費用を γx とする．すると，仮にセールのときの購買量が x であったとすると，毎期 c 単位だけ消費する場合，x/c 期の間は在庫を取り崩すだけで過ごすことができる．すると，セールから $t \leq x/c$ 期経過した時点においては，セール時点から ct だけ消費が行われているので，在庫は $x-ct$ だけ残っていることになる．よって，セールの時点から在庫がなくなるまでの在庫費用は

$$\gamma \int_0^{x/c} (x-ct)\,dt = \frac{1}{2}\frac{\gamma}{c}x^2$$

となる．あるセールの時点から在庫がなくなるまでの費用は在庫費用と購入費用の和であるので，

$$\frac{1}{2}\frac{\gamma}{c}x^2 + P_s x$$

である．在庫が切れてしまった時点ではまだ次のセールまで日にちがあるとすると，それから次のセールまでは販売価格は通常価格であり，在庫費用もあるので買いだめすることは得にはならない．よって，次のセールまで毎期毎期その期の消費分 c だけ店舗で購入すると，在庫費用はゼロ，購入費用は $P(cT-x)$ であり，その和が在庫が切れた時点からの購入費用の最も低い値となる．よって，総費用は

$$\frac{1}{2}\frac{\gamma}{c}x^2 + P_s x + P(cT-x) \tag{1.2.1}$$

である．もちろんこの総費用は，次のセールの前に在庫を切らしてしまう場合であり，数式で表すと $x \leq cT$ が成立する場合である．それ以上に購入した場合，つまり $x > cT$ だけ購入した場合は，次のセールの時点で在庫を余らせることになり，その分の在庫費用だけ余計にかかってしまう．よって，最適購買行動は，式（1.2.1）に示されている総費用を $x \leq cT$ の範囲内で最小化するようにセールのときの購入量 x を決めることである．この場合，式（1.2.1）

を購入量xに関して微分することによって，総費用の最小化の一階の条件を求めると，

$$\frac{\gamma}{c}x + P_s - P = 0 \tag{1.2.2}$$

が成立する．よって，式（1.2.2）から購入量x^*が以下のように求められる．

$$x^* = \frac{c}{\gamma}\left(P - P_s\right) \tag{1.2.3}$$

$\gamma T > (P - P_s)$ のときは，式（1.2.3）より$x^*/c < T$ となるので，セールのときにx^*だけ購入し，$(P - P_s)/\gamma$期後には在庫がゼロとなるので，それ以降は次のセールが来るまでは，毎期毎期，通常価格Pでその期の分の消費cだけ購入することが最適である．ただし，$\gamma T \leq (P - P_s)$ のときは，$x^*/c \geq T$となるので，セールのときに$x = cT$だけ購入し，次のセールまで何も買わず，在庫を消費し続けることが最適となり，解は在庫費用がない場合と同様である．

Boizot et al.（2001）はさらに，セールまでの期間Tが一定ではなく，それが確率変数である場合を考察した．彼らはそのようなモデルのもとでは，消費者の最適購買行動は以下の動学的な性質を満たすことを示した．

1）直近の非購買期間が長ければ長いほど，現在の購買価格が高い．

直近の非購買期間が長い場合は，より高い確率でセールが予想より遅れているので，消費者がセールを待っている間に在庫がなくなってしまい，通常価格Pで購入せざるを得ない状況であることが示される．逆に直近の非購買期間が短い場合は，消費者はまだ在庫があるのに，セールが予想より早く行われたので，在庫を買い足した可能性が高い．よって，1）が成立する．

2）最後に買ったときの購買価格と非購買期間の長さの間には，負の関係がある．

消費者はセールのときには大量に商品を購入し，その後しばらくは在庫を取り崩して消費をする．その反面，通常価格では消費者はそれほど多く商品を買わないので，在庫を取り崩しながら消費を続けられる期間がより短い．最後に買ったときの購買価格が低い場合，それがセール価格であり，消費者が大量に在庫を購入した可能性が高いので，2）が成立する．

3）非購買期間が長ければ長いほど，購買確率が高くなる．

非購買期間が長ければ長いほど，消費のために在庫が取り崩されていくので，在庫を切らしてしまう確率が高くなり，購買確率が高くなる.

Boizot et al.（2001）はフランスの消費データから，非購買期間の長さと最後に購入したときの購買価格，現在の購買価格，そして購買確率の関係をハザード関数を用いて推定した．そして以上の1），2），3）の関係が貯蔵が可能である商品において推定されたことを報告している.

ここで確認しなければならない重要な点は，古典的な静学的な消費理論においては，購買量と最適消費量が常に等しいことである．よって消費者は在庫を持たず，非購買期間中はその商品の消費量はゼロであると考える．そのため直近の過去の購買価格と現在の消費量との関係を説明できるような理論的な洞察を得ることはできない.

このような消費者在庫モデルを用いた価格と購買・消費の動学的な関係の実証分析はマーケティングの分野で多く行われている．その理由は，マーケティングではセールのタイミングが重要であるからだ．もしも小売業者がセールを行う時間的間隔が短すぎると，セールの際に消費者はまだ多くの在庫を抱えているので，セールの販売促進効果は低い．その反面，セールの間隔をある期間以上長くしても，それに見合うだけの販売量の増加が見込めない．その理由は，多くの消費者は在庫収納スペースに限りがあり，在庫を増やすと追加的な在庫費用が高くなるため在庫保有動機には限界があるからである.

セールの研究は，静学的な消費モデルを用いても行われている．その場合，セールは価格差別の理論の応用として研究されている．つまり，消費者は，安くなければ買わない価格弾力性が高いタイプと，衝動的に欲しくなり，セールまで待てない価格弾力性が低いタイプがいると仮定する．定期的にセールを行うことによって，価格弾力性が高いタイプの消費者にはセールの日まで待ってもらって，低い価格で製品を買ってもらい，価格弾力性が低いタイプの消費者には通常価格日に買ってもらうようにする．企業理論における結果として，企業は価格弾力性の低い消費者には高価格を設定し，価格弾力性の高い消費者には低価格を設定して販売することによって，消費者余剰の全てを獲得することができる．もちろんそのような場合には，セールの日

に買いに行くコストを設けることによって価格弾力性が低い消費者がセールの日に行かないようにすることが効果的である．このような価格差別の分析では，多くのモデルでは消費者の価格弾力性の分布は外生的に与えられていると仮定するので，それはセールなどの企業の販売戦略に依存しない．

　消費者在庫の研究では，在庫を多く保有する消費者は価格弾力性が高く，在庫が少ない消費者は価格弾力性が低いことがわかっている．その理由は，在庫を多く保有する消費者は，価格が低くなるまで購買を待ち，低価格のときに大量に購入するが，在庫を多く保有していない消費者は，価格が低くなるまで購買を手控えるだけの在庫がないからである．よって，消費者在庫のモデルを用いたセールの販売促進効果も価格差別の分析の応用分野である．この場合，消費者在庫量そのものがセールのタイミング，そしてセールの際の価格の低下幅の関数になっているので，消費者の価格弾力性の分布も企業の販売戦略によって内生的に決定されるような状況における価格差別の分析であることが，古典的な価格差別の研究とは異なる．

第3節　消費者在庫の実証分析とその課題

　消費者在庫の実証研究にはBoizot et al.（2001），Hendel and Nevo（2006a），Erdem et al.（2003），Hendel and Nevo（2006b）等の多くの先行研究が存在する．これらの研究を説明する前に，ある商品の消費者在庫の異時点間の変化の公式を以下に表記する．

$$i_t = i_{t-1} + q_t - c_t \tag{1.3.1}$$

i_tはt期の期末在庫量，i_{t-1}は$t-1$期の期末から保存されている財の期首在庫量であり，q_tはt期の購買量，そしてc_tはt期の消費量である．消費者のあるt期における行動を時間順に記述すると，消費者はあるt期の期首において，$t-1$期の期末から在庫がi_{t-1}だけ保存されていることを確認する．次に，在庫量i_{t-1}と価格P_tを考慮して購買量q_tだけその商品を買う．それから手元にある商品の総量$i_{t-1}+q_t$からc_tだけ消費し，残りi_tを在庫として来期まで保存する．

　現在多くの研究者は，消費者在庫のモデルを詳細な購買履歴データを用い

て実証的に分析している．購買履歴データには，何年間にもわたり，消費者が毎日どこのスーパー・マーケット店で，どの商品をどの価格で，どれだけ購入したかが記録されている．また，このような購買履歴データを補完するデータとして，消費者の家計の属性，そしてそれぞれのスーパー・マーケット店が，購買履歴の対象となる商品のなかで陳列されていたすべての商品の価格も提供される場合が多い．そのような情報が仮に提供されていなかったとしても，多くの購買履歴データでは，十分な数の消費者の購買履歴が記録されているので，それらの購買記録にある店舗名，購買商品，そしてその価格から，購買履歴上に記録されている製品に関して対象期間において対象店舗で販売されている商品，そしてその価格を導出することができる．すると，研究者は単に消費者の購買履歴がわかるだけではなくて，その消費者が購買の意思決定を行う場合，どのような競合商品の選択肢があったかも把握できることになる．そのような情報によって，例えばある商品においてセールが行われた時の消費者の反応がわかるだけではなく，ある商品の競合商品においてセールが行われた時の，消費者のその商品に対する反応もわかることになる．

　そのような購買履歴データを用いた消費者在庫の研究が直面する問題は，消費者の1日当たりの購買量は記録されているが，消費量，そして在庫保有量はデータとして存在しないことである．つまり，データのなかの消費者に関して式 (1.3.1) の中で唯一記録されている変数は購買量 q_t であり，消費，c_t，期首在庫量 i_{t-1}，そして期末在庫量 i_t のデータは存在しない．

　多くの研究では，一日当たりの消費 c_t を一定，つまり $c_t = c$ と仮定して，消費者在庫の実証分析を行っている．すると，式 (1.3.1) を書き換えて，そこに $c_t = c$ を代入することによって，以下の式が得られる．

$$i_t - i_{t-1} = q_t - c \tag{1.3.2}$$

この場合，c をどのような値に設定するかが問題となる．もし長期にわたる購買履歴データを入手することができるのであれば，式 (1.3.2) のデータのスタートした時点 T_s からデータが終了した時点 T_e までの和を計算することによって，購買履歴におけるある個人の総消費量と総購買量との関係におい

て，以下の式が成立していると考えることができる.

$$\left(T_e - T_s\right)c = \sum_{t=T_s}^{T_e} q_t + i_{T_s-1} - i_{T_e}.$$

次に両辺を $T_e - T_s$ で割ると，以下の式が導出される.

$$c = \frac{\sum_{t=T_s}^{T_e} q_t}{T_e - T_s} + \frac{i_{T_s-1} - i_{T_e}}{T_e - T_s} \tag{1.3.3}$$

ほとんどの消費者の在庫収納スペースは限られていると考えられるので，各期末に消費者が保有することができる在庫に上限があるとすると，データ期間における初期在庫保有量 i_{T_s-1},そして最終期期末在庫保有量 i_{T_e} もその上限以下の値を取ると考える.すると，記録期間 $T_e - T_s$ が長いデータの場合，式 (1.3.3) の右辺の第2項 $(i_{T_s-1} - i_{T_e}) / (T_e - T_s)$ は無視できるほど小さいと考えることができる.よって，データの記録期間 $T_e - T_s$ が十分長い場合，一日当たりの消費 c を

$$c = \frac{\sum_{t=T_s}^{T_e} q_t}{T_e - T_s} \tag{1.3.4}$$

と設定しても大きな誤差はないと考えることができる.

　よって，式 (1.3.4) と式 (1.3.2) を用いると，毎期の購買量 q_t は計測されているので，毎期の在庫の変化量 $i_t - i_{t-1}$ を計測することができる.しかし，それでも毎期の期首在庫量 i_{t-1} はまだ導出できない.毎期の期首在庫 i_{t-1} が重要である理由は，Boizot et al. (2001) の理論分析において示されているように，仮に毎期の消費量が一定であるような単純化された在庫モデルであっても，購買量は少なくとも期首の在庫量 i_{t-1} と価格 P_t の関数である.つまり購買量は $q_t = q\,(i_{t-1}, P_t)$ と表される.その関数を推定するためには，各時点における期首在庫量 i_{t-1} が必要となる.それを導出するためには初期の期首在庫量 i_{T_s-1} が必要であるが，それはデータとして存在しない.そこで多くの研究者は妥当と思われる初期の在庫量 i_{T_s-1} を恣意的に設定する.その際に満たされなければならない制約は，どのデータの期間においても在庫量が

ゼロ以下にならないように，初期在庫量は十分に大きな値に設定されなければならないこと．他方，それは毎期毎期の購買や消費と比較して，不自然に大きい値であってはならないことである．そのような制約のもとで，できればある程度の範囲内で数多くの異なる初期在庫量 i_{T_S-1} を設定し，それをもとにして各期の在庫量 i_{t-1} を式 (1.3.2) から計算し，それを用いて購買関数 $q_t = q\ (i_{t-1}, P_t)$ を推定する作業を繰り返し，その推定結果が初期在庫量 i_{T_S-1} に依存しないことを確認することが望ましい．

　以上，1期あたりの消費が一定であると仮定した場合の，在庫モデルの分析を紹介した．しかし，消費が一定であるという過程が非現実的であることは，我々の日常生活の行動に照らし合わせてみても否定できない．そのような強い仮定のもとで在庫モデルを推定すると，以下のような理由で購買関数の推定値にバイアスが生じる．例として，真の消費が一定ではなく，期首の在庫量 i_{t-1} と購買量 q_t の関数である場合を考察する．すると，在庫の変化式は式 (1.3.2) から以下のように書き換えられる．

$$i_t - i_{t-1} = q_t - c\ (i_{t-1}, q_t) \tag{1.3.5}$$

この場合の在庫の変化量 $i_t - i_{t-1}$ は毎期の消費量が一定と仮定されていた式 (1.3.2) で導出されたものと異なるので，毎期毎期の在庫量 i_{t-1} も異なることになる．すると，期首の在庫の関数として表現される購買関数 $q_t = q\ (i_{t-1}, P_t)$ の中に入っている真の在庫 i_{t-1} が消費が一定であるとして導出されたものとは異なるので，それがバイアスをもたらす．例えば，t 期における真の在庫量 i_{t-1} が少ない場合，消費者は購買 q_t を増やし，消費 c_t を式 (1.3.4) で求めた値 c より低く抑えるとする．すると来期における真の期首在庫量 i_t は消費が一定であると仮定している水準より多くなる．来期の消費者は真の在庫量 i_t が q_t の増加，c_t の抑制により持ち直したので，購買を増やさないか，減らすことを考慮するが，消費が c の値を取ると仮定した研究者は在庫量 i_t を少なめに計算するので，それでも消費者は来期の購買を増やさないか減らすことから，在庫と購買の関係がゼロに近いか，または正の関係であるという誤った結果を導き出す可能性がある．

　さらに，毎期の消費量が一定であると仮定して消費者在庫を分析すること

は，マーケティングの分野における消費者在庫の研究の魅力をかなり減少させてしまうことになる．そもそもマーケティング論における消費者の分析の目的の一つは，その分析結果に基づいた販売促進戦略を用いることによって，購買を増加させることである．もし消費が一定であれば，スーパー・マーケットがどれほど洗練された販売戦略を用いても，増加させることができるのはせいぜい消費者在庫であり，それは式（1.3.3）における1期あたりの消費と購買量の関係からわかるように，長期的には全体の販売量にほとんど影響を与えない．

　そのため一部の研究では，消費は期首の在庫量，購買量，そして購買価格等の関数であると仮定して，その消費関数を推定するが，実際の在庫量を計算する際には消費は一定であるとして導出している．もちろん，このような方法ではデータが生成されるモデルと，推定するモデルが一致していないので，望ましくない．

　そのような問題に対処すべく，Erdem et al.（2003）は在庫の動学式（1.3.5）をも含む消費者在庫動学モデルを構築し，それを購買履歴データを用いて推定した．そのモデルでは，消費者は現在から将来にかけての期待効用の割引価値の和を最大化するように購買選択を行う．Erdem et al.（2003）はケチャップの購買履歴データを用いて実証分析を行ったが，その際に消費者が購買選択の際にケチャップのブランドも区別することをモデルに反映させ，消費者の効用は消費するブランドにも影響されるように効用関数を設定した．

　Erdem et al.（2003）が推定したモデルの特徴は，以下のようにまとめることができる．

1）消費者は現在から将来にかけての期待効用を最大化するように購買選択を行う．

2）消費者はケチャップの瓶のサイズだけではなく，ブランドも選択する．

3）それぞれのブランドのケチャップの価格を通常価格とセール価格に分け，セールが行われる確率を推定し，それを動学モデルに組み込むことによって，消費者が将来のセールの確率を予測して行動するという，在庫モデルの重要な要素をモデルに導入している．

4）消費者の毎期ごとの消費のニーズはランダムであり，在庫と購入量の

和である製品保有量がそのニーズを下回る場合は，そのニーズは保有量の分だけしか満たされない．このように，消費は毎期ごとに一定ではなく，しかも消費量が通常消費量にランダム・ショックを加えた消費量から逸脱する可能性も考慮されている．

　Erdem et al.（2003）は以上のモデルを，ケチャップの購買履歴のデータを用いて推定した．その際に，構造推定法といわれている推定法が使われた．それは，パラメータが与えられるたびに，コンピューターを用いて動学モデルを解き，その解から消費者のケチャップのブランドと数量の選択確率を求め，そのモデルの解から得られる選択確率が，実際のデータにおいて記録されている選択行動に最もよくフィットする（このデータへのフィットのことを統計学では尤度と呼ぶ）パラメータを求める最尤推定法を用いて推定を行う手法である．このような消費者の動学モデルの解をベースとした推定は膨大な数値計算を必要とする．その理由は，推定のプロセスにおいて，あるパラメータの候補が与えられた場合，そのパラメータのもとで尤度を計算するためには，数値演算上の負荷が高い動学問題の解を求めなければならない．そしてパラメータの推定値を導出するためには，数百に及ぶ異なるパラメータの候補のもとで尤度をそのたびに計算しなければならない．

　しかし，そのような困難な推定作業から得られる結果には，通常の推定法では得られないメリットもある．それは，推定されたモデルから，消費者の購買，消費，在庫形成をコンピューターを用いてシミュレーションすることができることである．そのようなシミュレーションから，以下の分析を行うことができる．

1) 推定されたパラメータのもとでのモデルのシミュレーションと，実際のデータをあらゆる角度から統計的に比較して，そこで重要なかい離があれば，モデルに修正を加え，そのような推定・比較・修正のプロセスを繰り返すことによって，データを最もよく説明するモデルを見つけることができる．

2) 推定されたモデルのパラメータの一部を変え，その場合のシミュレーションの結果と変更前のシミュレーションの結果を比較することができる．そのようなパラメータの変更が政策担当者（この場合はスーパー

マーケット) の政策 (販売促進戦略) に対応するものであれば, 変化前と変化後の比較によって政策効果を分析することができる. Erdem et al. (2003) ではセールに対応する価格変化を導入し, その下でシミュレーションを行うことによって, セールの効果を短期, 長期に分けて分析した. その結果からわかったことは, セールは短期的には購買を増加させるが, そのかなりの部分は消費者在庫に回り, 将来の消費を低下させるので, 長期にわたるセールの購買増加効果は少ないことである.

このような結果は重要な政策的なインプリケーションを持つ. それは, セールは長期的に需要を増やすことにあまり役に立たないことである. 通常のスーパーはどうしてもセールの短期的な販売促進効果のみに注目してしまい, 長期的には効果がないことに気が付きにくい. また, マーケティングの研究者が直接データから長期的な販売促進効果を計測するためには, そのデータにおいて異なるセールス戦略をそれぞれ長期に渡って取り続けた事例が存在しなければならない. さらに, 長期間の間に生じるさまざまな変化と政策効果をデータを用いて別々に推定することが可能でなければならない. データにおいてそのような事例が存在することはまれである. 経済理論に基づくモデルを推定し, その推定値から長期の政策効果を間接的に計測するためには, 今まで説明したように, 消費者の行動に関して強い仮定が必要であるが, そのかわり, その分析の妥当性は長期にわたる特殊な事例の存在に依存しない. よって, モデルを用いて政策評価を行うことには意味があると筆者は考える.

それでは, セール等の販売促進政策は全く意味がないのであろうか. そのような考え方も極端であると思われる. 販売促進政策は, スーパーなどの小売店が抱える在庫を消費者に転嫁することによって, 在庫コストを低下するためには有効である.

Hendel and Nevo (2006b) は以上の研究をさらに発展させた. 彼らは消費者在庫モデルに追加的な仮定を課すことによって, Erdem et al. (2003) の数値演算上の困難を大幅に解消した. その仮定は, 消費者は, 同一財の異なるブランドの商品を在庫として保有したり, 消費したりする場合は, それらすべ

てを同一とみなすというものである．つまり，C_{ijt}をt期における消費者iの
ブランドjの消費量とすると，消費の効用関数は，その財の全ての企業のブ
ランドjの消費量の和$C_{it} = \sum_{j=1}^{J} C_{ijt}$と，その他の財$m_{it}$の関数である．つまり
効用関数は$u\,(C_{it}, m_{it})$と表すことができるという仮定である．同様に，I_{ijt}を
t期末における消費者iのブランドjの在庫量とすると，在庫費用もすべての
商品の在庫の総和$I_{it} = \sum_{j=1}^{J} I_{ijt}$の関数として定義される．

　このように消費関数，そして在庫費用を定義すると，そのモデルではブラ
ンドは全く差別化（差異化）されていないことになる．すると消費者は同一
財の異なる商品を全く区別しないことになり，その結果，消費者はスーパー
マーケットではいつも最も価格の低い商品を購入することが最適になり，そ
れがブランドの間に激しい価格競争をもたらすはずである．しかし，現実で
は多くの場合，同一財でも有名ブランド商品は競合他社の商品よりも価格が
高い．もしモデルが正しければ，価格が相対的に高い有名ブランド商品の需
要がゼロでなければならない．このような矛盾に対処するために Hendel and
Nevo（2006b）は消費者は商品を購入するときにも効用を感じ，その効用は
どのブランドを購入するかによって異なると仮定した．例を挙げると，例え
ばコーヒー豆の場合，このモデルのなかの消費者はどのブランドも中身は同
じだと考えるが，コーヒーを購入する際には，有名ブランドのコーヒーの広
告に出演する有名タレントのことを考え，そのタレントを応援する気持ちで
そのブランドを購入する．しかし，購入後はそのコーヒー豆を，他の豆と同
じ容器に入れ，コーヒーを飲む場合には，その容器から無造作に豆を取り出
して用いることとなる．

　多くの読者はこのような仮定に違和感を持つかもしれない．しかし，その
ような仮定を設けることによって，Hendel and Nevo（2006b）は消費者在庫の
動学モデルの推定における数値演算コストを大幅に低下させることに成功し
た．その理由は以下の通りである．動学モデルの推定において数値演算が困
難である原因は，例えばケチャップのブランドが4つに分類できるとすると，
消費者が保有する期首在庫が4次元のベクトルとなり，また消費者が将来の
価格を予想する際に参考にする現在の価格も4次元のベクトルとなることで
ある．このような在庫と価格のベクトルを動学問題では状態変数ベクトルと

呼び，その次元が増加すると，動学問題を解く際に必要な数値演算量が幾何級数的に増加する（これが動学的最適化問題における「次元の呪い」とよばれている問題である）ことが知られている．Hendel and Nevo (2006b) モデルが有用なのは，財の消費に関してはブランドは関係ないので，数値演算上単一財の動学モデルと同じであり，その解を求めることはそれほど困難ではないからである．そして，購買時におけるブランド効果を効用関数に追加的に導入することによって，消費者の購買行動におけるブランドが与える影響もある程度考慮することができる．

　このように手法は異なるが，Erdem et al. (2003)，そして Hendel and Nevo (2006b) の研究の共通点は，毎期毎期の消費量が一定であるという非現実的な仮定を緩めていることである．実際の在庫や消費のデータが存在しないので，彼らはそれに代わるものとして，消費者の動学的在庫モデルを解き，その解がもたらす制約を消費や在庫形成に課すことによって，消費量，そして在庫量もモデルの推定の中で導出している．つまり，毎期の消費量が一定であるような単純なモデルを用いて推定するのではなく，消費者の動学的在庫モデルというより複雑なモデルを用いて推定を行っているので，存在しないデータの代わりにモデルを用いて消費量，在庫量を導出していることには変わりはない．よって，両者の推定結果はモデルの仮定に決定的に依存している．しかも，モデルの妥当性を検証するための実際の消費，在庫のデータが存在しないので，そのような恣意的なモデルの妥当性は検証不可能である．

　そのような問題に対処すべく，Kano (2018) は独自に在庫サーベイを行い，トイレットペーパーに関して消費者から購買履歴と同時に，調査期間中に数回にわたり在庫を調べた．その結果，ある期の消費はその期の在庫の増加関数であることが推定された．詳細な在庫調査を行うことは高額な費用を必要とするため不可能であるとしても，若干ではあるが在庫のデータを収集したので，現在主に使われているいくつかの消費者在庫モデルの妥当性は検証できる．現在 Kano (2018) の著者はそのような研究を行っており，その結果は消費者在庫の研究に貢献することが期待される．

　以下，Kano (2018) の結果の一部を表示し，説明する．

　表 1.3.1 ではいくつかの回帰分析の結果を報告する．OLS1 の回帰式では，

説明変数が消費であり，被説明変数が在庫である．OLS2 では被説明変数に
さらに在庫の二乗，そして OLS3 では価格も加わる．

表 1.3.1 からわかるように，OLS1 の場合においては消費は在庫の増加関数
である．OLS2 そして OLS3 の場合には，在庫の係数は負で有意であるが，
在庫の二乗の係数は正で有意である．つまり，データとして観測されるか，
または過去の在庫量のデータと購買量から計算される在庫量のほとんどの値
では，消費と在庫の関係は正の有意な関係を持つ．これらは，それぞれ予想
された結果であり，いずれも消費が一定であることを否定する結果である．
さらに OLS3 においては価格係数が負であり有意に推定されている．このよ
うに，動学的な消費者在庫モデルにおいても，通常の静学的な需要関数から
導き出されるような価格と消費需要の負の関係が見られることがわかる．

次に，表 1.3.2 において示されている在庫と購買行動との関係の推定結果
を説明する．そこではまず第 1 列において Probit モデルを用いて購買確率と
在庫，そして価格の関係を推定した推定結果を報告する．購買確率は在庫と
負の有意な関係がある．他方在庫の二乗の係数は正で有意に推定されている
が，その値は小さいので，在庫と購買確率は全体的には負の関係が成立する

表 1.3.1 トイレットペーパーの在庫と消費との関係：従属変数が消費である回帰式の
推定結果

	OLS1	OLS2	OLS3
在庫	0.652***	−0.514***	−0.480***
	(0.074)	(0.118)	(0.118)
在庫二乗		0.033***	0.033***
		(0.003)	(0.003)
価格			−0.337***
			(0.103)
定数項	64.166***	67.540***	77.895***
	(2.995)	(2.962)	(4.329)
自由度調整済み R^2	0.571	0.584	0.585
サンプル数	5,179	5,179	5,179

注：*は有意水準 10% の統計的有意性を示し，同様に**は有意水準 5% の統計的有意
性，そして***は有意水準 1% の統計的有意性を示す．

といえる．さらに，購買確率は価格とは負の有意な関係にある．次に第2列
において消費者がトイレットペーパーを購入したときの購買量を被説明変数
とし，在庫と価格を説明変数とする回帰分析を行うと，在庫と価格は購買量
との間で統計的に有意な関係はなかった．第3列に示されているように，説
明変数に在庫の二乗を加えても，結果は同様である．第4列，第5列には
Tobit モデルのパラメータの推定値を報告する．Tobit モデルでは希望購買量
を線形回帰モデルと同様に在庫（第5列の定式化では在庫の二乗も含む），
そして価格の線形関数と誤差項の和とし，それが負の値をとることも許容す
る．もし希望購買量がゼロか負の場合は，消費者はトイレットペーパーを購
入せず，希望購買量が正の場合，それが実際の購買量に等しいとする．この
ような Tobit モデルの特徴は，非購買確率と購買した場合の購買量の両者を，

表1.3.2　在庫と購買のタイミング，そして購買量との関係：在庫データを使用

従属変数：	購買 （Probit）	購買量1	購買量2	購買量 Tobit1	購買量 Tobit2
在庫	-0.344^{***} (0.018)	0.029 (0.048)	-0.080 (0.090)	-2.883^{***} (0.188)	-3.811^{***} (0.246)
在庫二乗	0.003^{***} (0.000)		0.004 (0.003)		0.036^{***} (0.004)
価格	-0.081^{***} (0.008)	-0.027 (0.023)	-0.029 (0.023)	-0.826^{***} (0.089)	-0.836^{***} (0.088)
定数項	5.550^{***} (0.503)	13.433^{***} (1.682)	13.884^{***} (1.708)	54.275^{***} (5.497)	59.383^{***} (5.601)
σ　一定				12.572^{***} (0.596)	12.319^{***} (0.583)
自由度 調整済みR^2		0.697	0.699		
対数尤度	-881.894	-718.232	-716.725	$-1,957.163$	$-1,927.121$
サンプル数	5,179	342	342	5,179	5,179

注：*は有意水準10%の統計的有意性を示し，同様に**は有意水準5%の統計的有意
性，そして***は有意水準1%の統計的有意性を示す.

単一の在庫，価格，そして第5列ではそれに加えて在庫の二乗の線形関数を用いて表現できるので，購買をした場合としなかった場合の両方のデータを用いてパラメータを推定できることである．第4列，第5列のいずれにおいても，在庫量と購買量の関係は負で統計的にも有意である．

表1.3.3では，従来の研究と同様に在庫データを用いずに推定した結果を報告する．その場合，Boizot et al.（2001）等の研究と同様に，毎期の消費量が一定であるとして，式（1.3.2）を用いて各期の在庫量を導出する．

そのようにして計算された在庫を用いて表1.3.2と同様の分析を行っている．第1列の結果をみると，在庫と在庫の二乗の係数はいずれも負であり有意である．しかも在庫の係数は表1.3.2の係数より負の値が大きく，表1.3.2においては在庫の二乗の係数は正に有意に推定されている．在庫データが被説明変数である場合は，在庫の二乗の係数は正で統計的に有意であるが，在庫が消費を一定と仮定して算定した場合は，在庫の二乗の係数は負の符号となり，有意である．価格はいずれの表においても係数が負で統計的に有意に推定されている．第2列と第3列では表1.3.2と同様に購入したときの購買量を被説明変数とした回帰分析の結果を報告しているが，表1.3.2の結果とは異なり，第2列の結果では在庫の係数が負であり，有意水準10%で有意に推定されている．それ以外の被説明変数の係数は表1.3.2と同様に有意に推定されていない．第4列と第5列では表1.3.2と同様にTobitモデルの推定結果が報告されている．これらの結果をみると，在庫の係数は，表1.3.3の方が負の値が大きい．しかも，在庫の二乗の係数は表1.3.2においては正の値で有意であったが，表1.3.3では逆に負に有意に推定されている．その理由を考察する際に，参考のために表1.3.1で報告されている消費関数の推定値を見ると，消費と在庫は正の有意な関係になっている．つまり，在庫データを用いた推定値では，在庫量が多い場合は，購買量が減少し，消費が増加することによって来期の在庫が減少するが，消費が一定として算定された在庫を用いた場合，来期の在庫量が減少するためには，購買量が減少する効果のみが存在するので，在庫と購買量の関係が過大に推定されてしまっていることが推察される．

更に，表1.3.2,表1.3.3の第1列，そして第4,5列において報告されている

表1.3.3　在庫と購買のタイミング，そして購買量との関係：（消費が一定であるとして算定された在庫を使用）

	購買 （Probit）	購買量1	購買量2	購買量 Tobit1	購買量 Tobit2
在庫	−0.460*** (0.027)	−0.223* (0.097)	−0.180 (0.105)	−4.795*** (0.296)	−4.717*** (0.315)
在庫二乗	−0.034*** (0.005)		0.016 (0.015)		−0.034*** (0.048)
価格	−0.067*** (0.008)	−0.021 (0.023)	−0.021 (0.023)	−0.652*** (0.079)	−0.630*** (0.077)
定数項	0.845 (0.469)	13.458*** (1.508)	13.452*** (1.507)	7.590 (4.531)	8.473 (4.434)
σ　一定				11.177*** (0.520)	10.943*** (0.507)
自由度 調整済みR^2		0.703	0.705		
対数尤度	−759.025	−714.581	−713.701	−1,816.064	−1,785.768
サンプル数	5,179	342	342	5,179	5,179

価格係数を見ると，いずれも有意に推定されているが，表1.3.3の方が負の値が小さい．つまり，消費の価格効果を考慮に入れない推定結果は，価格の購買量に及ぼす負の効果を過小評価している可能性がある．

　以上の議論をまとめると，これまでの研究においては，消費者の在庫形成の実証研究の課題は，通常の購買履歴データには消費者在庫の情報がないことをどのようにして乗り越えるかであった．恣意的ではあるが，追加的なモデルの制約を加えることによって消費者在庫を導出するか，消費者在庫のデータをある程度収集する方向がとられてきた．

　しかし，ほとんどの購買履歴データでは，実際の消費や在庫に関する情報は記録されていない．在庫モデルの推定の課題としては，如何にして購買履歴データから，消費と在庫形成に関する情報を引き出すかである．

　次に，そのような課題を解決しうる方法を提供するために，Imai, et al（2019a）が現在進めている研究を紹介する．我々は，多くの商品には二つの異なる賞味期限があるが，そのような商品においては消費者が購入する商品

が入った容器のサイズが将来の予想される消費量に関する情報を含んでいることを指摘する．例として炭酸飲料水を考えてみよう．炭酸飲料水の缶や瓶は，開封さえしなければ，中身の鮮度は半永久的に保存することが可能であるが，いったん開封すると，遅くとも1日以内に鮮度は消失する．よって，いったん炭酸飲料水の瓶や缶を開封すると，それは1日以内に消費されなければならない．すると，余った炭酸飲料水の破棄をも消費に含めると，消費者がスーパーやコンビニエンス・ストアで2リットルの炭酸飲料水を購入したとすると，その消費者はその購入時点から将来にわたってある期間に少なくとも一度は1日以内に2リットルの炭酸飲料水を消費することになる．

　さらに，二つの異なる保存期間があることからもう一つの特性が導き出される．それは，消費者はいったん缶や瓶を開封すると，その商品を1日以内に消費するので，消費量は容器のサイズに依存する離散的な数になり，連続的ではなくなる．よって，購買と同様消費も離散的であるので，在庫も離散的であることがわかる．

　Imai, et al（2019a）は，このような特徴を持つ炭酸飲料水の購買履歴データ

図**1.3.1**　1年間の清涼飲料水の購入容器数の分布の密度関数

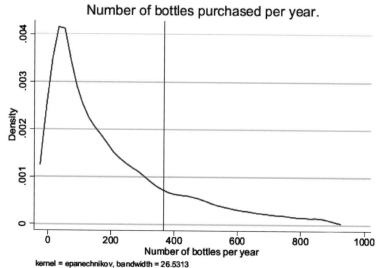

22

には，実際の消費や在庫のデータがなくても，消費者の消費関数をかなりの精度で再現できる可能性があることを指摘している．以下，その論文の実証結果を用いて，そのロジックを説明する．

図1.3.1で，1年間の清涼飲料水の購入容器数の分布を報告する．

図のx軸は容器の数で測った炭酸飲料水の購入量であり，y軸はその分布関数の密度関数である．図に表記されている垂直線は，x軸が365である箇所を示している．この図からわかるように，ほとんどの消費者は，年間365個以下の炭酸飲料水を購入している．つまり，その年の初日に在庫がゼロであったのであれば，ほとんどの消費者は少なくとも1日はスーパーマーケットやコンビニエンス・ストアで購入した炭酸飲料の消費量がゼロであることがわかる．

また，炭酸飲料水の購入個数の平均は245であり，中央値（メディアン）は139である．つまり，その年の容器の購入数を消費できる日数の上限とすると，少なくとも50パーセントの消費者はその年の半分以下の日数しか消費していないことになる．

もちろん以上の結果は，消費者がその年の初めにどれだけ炭酸飲料水の在庫を有していたかに依存する．そこで，表1.3.4では，年初の炭酸飲料水の在庫数と，その年で少なくとも一日は消費量がゼロになる消費者の割合を示した．

この表からわかるように，仮に消費者が全員がこの年の初日に100本の

表1.3.4　消費ゼロの日がある消費者の割合

データ 初日の在庫量	消費ゼロの日 がある割合（％）
0	78.5
20	77.1
40	75.6
60	73.8
80	71.6
100	69.3

瓶・缶の炭酸飲料水を在庫として保有していたとしても，消費ゼロの日が少なくとも1日はある消費者の割合は約70パーセントあることがわかる．

次に，消費者の多様性に関する図を表示する．それは，年間の炭酸飲料水の瓶・缶の購買数とその平均容量の関係をグラフにしたものである．図1.3.2のx軸はその年の清涼飲料水の瓶・缶の総消費本数，そしてy軸はその1容器あたりの液体容量（オンスで計測）である．

そこでわかることは，購買数と平均容量の関係は負であることである．つまり，より大きなサイズの瓶・缶を買う消費者は，より少ない数量の瓶・缶を購入する．したがって，より大きなサイズの瓶・缶を購入する消費者は，年間においてスーパー・マーケットやコンビニエンス・ストアで購入した炭酸飲料水の消費量がゼロである日数が多いことがわかる．そのような消費者は，ある限られた日に大量の炭酸飲料水を消費し，それ以外の日には全く消費しないか，少ない分量の炭酸飲料水を消費することが推察される．その例としては，一年の何日かはパーティー，ピクニックのような家族と友人を集めた行事があり，その日には大量の炭酸飲料水を消費するが，それ以外の日は全く炭酸飲料水を消費しない消費者が考えられる．その反面，炭酸飲料水の瓶・缶の購入量は多いが，その容器当たりの容量は少ない消費者も存在する．そのような消費者は，毎期の消費量がより安定しており，そのため在庫保有動機がより強いことが推察されるので，彼らの消費行動はむしろ標準的な在庫モデルで分析できるかもしれない．

以上のような購入パターンから推察されることは，炭酸飲料水のような在庫を持つことが可能な財においては，少なくとも一部の消費者の消費は大きな変動を示す．よって，毎期の消費が一定，またはそれがあまり激しくは変わらないと想定するような在庫モデル（Boizot et al.（2001），Hendel and Nevo（2006a），（2006b）等）はそのような製品の在庫の分析には適切ではなく，毎期の消費に大きな変化，そしてランダム性を取り入れている Erdem et al.（2003）のような在庫モデルの方が適切であるといえる．Erdem et al.（2003）は，消費や在庫に関するデータが全くない標準的な購買履歴データを用いて在庫モデルを推定しているので，そのためにモデルに強い仮定が必要であった．Imai, et. al（2019a）は，そのような強い仮定がなくても，データのサン

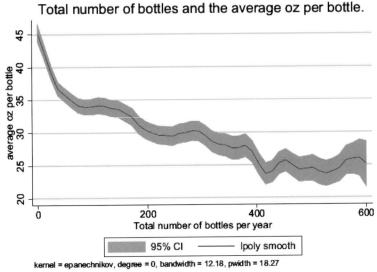

図1.3.2　瓶，缶の購入本数と1容器あたりの液体容量

プル統計量や，1年間に購入する炭酸飲料水瓶，缶の個数とその平均的なサイズの関係からすでに消費のパターンに関する多くの情報を得られることを指摘している．よって，Erdem et al.(2003)よりもはるかに弱い仮定のもとで，消費者の消費，在庫行動を推定できる可能性があると筆者は考える．

　このような消費者在庫の研究は小売業者にとって政策的インプリケーションがある．従来の消費者在庫の研究では，財の容器の容量はあまり注目されなかった．しかし，以上のような分析で明らかになったことは，消費者には同じ分量の購買をするにしても，容量の大きい容器を買うタイプと，容量の小さい容器を買うタイプが存在することである．よって，容器の容量によって，1単位当たりの清涼飲料水に価格差を設けることによって，消費を増加させることができる．より具体的には，より容量の大きい容器の価格をより低めにすることによって，一度に大量に消費するインセンティブを与えることができるのである．

第2章

宣伝広告と学習

第1節　宣伝広告の理論

　本章ではまず，宣伝広告の理論を Klein and Leffler（1981）に基づいて説明する．多くの場合，企業は製造，販売する自社製品に関する情報を完全に持っているが，消費者は購入前には購入する財の品質に関する情報を完全には獲得できないことが考えられる．例として食品の味が考えられる．消費者はある食品を購入し，消費してみなければその味がわからない．ここでは議論を簡単にするために，消費者は消費後には製品の品質に関して完全な情報を獲得すると考える．

　このように情報の非対称性が存在する場合，企業は良質であるがコストが高い製品を，コストに見合う高価格で市場に提供するよりも，同じ価格でコストが低い，悪質な製品を販売する方が利潤が高い．なぜなら，消費者は消費前に品質に関する情報を得ることが可能である場合，悪質な製品を見分けて，その購入を避けることができないからである．その場合，政府が介入して製品の品質を調査し，消費者に報告することが考えられるが，製品の品質に関して食品の味のような主観的な要素がある場合，それは簡単ではない．

　そのような問題を市場経済がどのように対処できるかに関して，Klein and Leffler（1981）は以下の二つの問題に分けて分析を行った．

　1）情報の非対称性のもとでは，企業が良質ではあるが高コストである製品を，それに見合う高価格で販売するよりも，同じ価格のもとで低コストで悪質な製品を市場に提供する方が高い利益が得られる．

　Klein and Leffler（1981）は，既存企業が価格を高品質な製品の製造コスト以上に十分高く設定すれば，消費者はそのような高額な製品が良質であると

信じて購入し，均衡においては既存企業も高品質な製品を製造・販売することを示した．その理由は，もし既存企業が高価格であるが低品質である製品を製造，販売した場合は，消費者は購入後の消費を通じてそれが低品質であることに気づき，2度とその製品を買わなくなるからである．そのことによって，既存企業は将来にわたり高品質な製品を製造・販売し続けることによって得られる利益を失ってしまう．失ってしまう将来の利益が，低品質の製品を売って得られる一時的な利益に等しいか大きい場合，既存企業は高品質の製品を製造・販売するインセンティブがあるからである．

 2）既存企業のようにある市場に長期間存続する予定はなく，最初からせいぜい1期のみ営業する予定であるその場しのぎの（fly by night）参入者が存在する場合を考える．それらの企業は既存企業の真似をして高価格を設定し，粗悪品を製造・販売して荒稼ぎを行う．消費者が低品質に気が付いた時には，その企業はすでにその市場から退出して，別の市場で同じことをしている．

 Klein and Leffler（1981）は，既存企業が多額の費用をかけて宣伝広告を行うことによって，その場しのぎの参入者を防ぐことができることを示した．既存企業が宣伝広告費を，低品質の製品を製造し1期だけ高価格で販売し荒稼ぎしたときの利益に等しいか，またそれ以上の額に設定すると，短期の参入者はその宣伝広告費を支払うと正の利潤が得られなくなってしまうので負担しない．よって，消費者は高額の宣伝費用を払って宣伝を行う企業が良質の製品を提供し，そのような宣伝費用を払わない企業が粗悪品の製造・販売を行うその場しのぎの企業であることがわかる．

第2節　宣伝広告と学習理論

 多くの宣伝広告の理論は，モデルを簡単にするために，消費者は消費後に製品の品質に関して完全な情報を獲得すると考えるが，それは全ての商品について言えることではない．消費者は医薬品，学習教材などの商品については，一度消費しただけではその品質を完全には把握できない．その場合，消費者はそれらの商品を繰り返し消費していくなかでその品質を少しずつ学んでいく．

　そこで，消費者は同一商品を繰り返し消費することによってのみ，その品質を学習すると仮定してみる．すると，既存企業が仮に低品質の商品を製造・販売したとしても，消費者は繰り返し消費した後に初めてその品質の低さに気がつくので，それまでは販売を続け，利潤を得ることができる．よって，既存企業が高品質である商品を製造・販売し続けるインセンティブを持つためには，そうすることによって，低品質の商品を消費者が気づくまでに高価格で販売して得られる利潤以上に利潤が得られなければならない．そのような高利潤を保証する価格のもとでは，消費者の需要が少なすぎるのであれば，そのような環境を確保することは難しい．その場合，既存企業はニーズがあるにもかかわらず，高品質の商品の生産・販売を停止してしまう結果となる．

　次に，既存企業の宣伝広告費用のシグナル効果と学習効果の関係について考察する．その場しのぎの参入者も，消費者が低品質に気が付くまでに必要な消費の回数が多ければ多いほど，より長期間市場にとどまり，利潤を得ることができる．そして，既存企業にとっては，そのようなその場しのぎの企業と区別するために必要な宣伝費用の額も高くなり，それが将来に得られる利益を上回ってしまうと，既存企業も高品質である商品を製造，販売するインセンティブを失う．

　例として，医薬品を例として考察してみよう．消費者は，消費する医薬品の成分に関しては，消費前にも正確な情報が得られるが，それがそのときの消費者の持つ病状に果たして有効かどうかに関しては，不完全な情報しか得ることができない．その理由は，同じ病気でも，患者によって症状や治療の効果が異なり，しかもその治療の効果はすぐには表れないからである．よって，どの薬品がその患者に効果があるかは，医師は繰り返し薬品を投与して，投与後の病状を注意深く観察して学習しなければならない．そして毎期毎期の医師，または消費者の判断は，ある薬品を引き続き投与し続けて，その効果を観察するか，もしくはその薬品が効果がないと判断し，別の新しい薬品を投与するかである．この際にもし薬品の効果がないにもかかわらず投与し続ければ，患者の健康状態は悪化してしまう．よって，医師や患者は，投与中の薬品の効果に関して完全な情報を得る前に別の薬品に切り替えることが

合理的である場合もありうる．そのような判断が難しい理由は，ある薬品を投与し続けても効果がない場合，それはその薬品がその患者には効果がないからであるか，それともその患者の健康状態が他の理由で悪化したからであるかがわかりにくいからである．Crawford and Shum（2005）はそのような状況における医師，または患者の動学的最適薬品選択行動のモデルを構築し，その推定を行った．

　このように，消費者の学習が非常に長い間の消費によってしかわからない場合，もしくは消費の効果が遠い将来に初めてわかるような場合は，宣伝広告は効果的なシグナルになりにくい．

　もう一つの例がParker（1995）によって調査された検眼医が提供するサービスである．検眼医は単に視力検査を行うだけではなく，視力が低下した原因も突き止めることが任務であるが，その原因が眼以外に由来する場合も考慮に入れて調査しなければならない．よって，適切な視力検査を行うプロセスには時間がかかる．しかし，そのような入念な検査を行わなくても，簡単な検査の結果でも，それを参考にして新しい眼鏡を購入した顧客の視力が確実に向上する．その反面，その効果は入念な検査の結果を参考にした場合と比較すると短期的であることが多い．そして，その違いを把握するためには，消費者は適切な学習を通じて視力検査の長期にわたる視力への効果を正しく認識しなければならない．現実に多くの消費者がこのような学習を通じて適切に検眼医を評価しているとは考えにくい．そのような，適切な学習が行われにくい状況での企業の行動をParker（1995）は実証的に分析した．

　Parker（1995）は，1977年の米国最高裁判決に基づく宣伝広告の規制緩和の効果に関する分析を検眼医の視力検査を対象に行った．米国では1977年以前は多くの州が検眼医の宣伝を禁止するか，もしくは著しく制限していた．そのような宣伝広告に関する規制は，サービス産業での価格，そして質に関する情報の迅速な伝達を妨げ，サービスの供給価格を不当に上昇し，質を低下させているとして批判されてきた．1977年に米国最高裁判所は，弁護士の宣伝広告は合衆国憲法上保証されている言論の自由に含まれると判断した（Bates対アリゾナ州法曹協会判決）．判決自体は弁護士の宣伝広告に限定されたものであり，しかも政府が宣伝広告に適切な規制を課すことを禁止

しなかったが，それ以降その最高裁判決の趣旨にのっとり宣伝広告に関する
多くの規制が緩和された．規制緩和後多くの検眼病院は宣伝広告を積極的に
行ったが，その結果，検眼医の視力検査の価格は上昇し，検査の質は下がっ
たことが Parker（1995）によって検証された．多くの検眼医は，入念な検査
を行っていることではなく，検査を早く行うことができる"腕の良い"検眼
医であることを宣伝した．さらに，その病院が"最新鋭"に見えるような内
装を施した．そしてそれらの検眼病院は多くの検眼医を経験の程度にかかわ
らず雇用し，患者一人当たりの検査時間を減らし，高い収益を得ていた．

第3節　学習効果の実証分析

　このように，宣伝広告がシグナルとして正しく情報を伝達するためには，
消費者が消費行動を通じてその商品の品質に関する情報を十分に学習できる
ことが重要である．よって多くの経済学者，そしてマーケティングの研究者
は学習モデルの推定を行ってきた．その中でも代表的な論文の一つが Acker-
berg（2001）である．Ackerberg（2001）は，消費者はある商品の品質に関して
実際の消費と宣伝広告から学習をすると考える．消費者がそのような学習を
行う場合，宣伝広告の情報提供効果は消費者がある商品に関する情報を全く
持っていない場合には大きく働き，その消費者の購買確率を高める．消費者
が過去の宣伝広告や消費によってその商品の品質をより正確に知るにつれ
て，広告の購買促進効果は減少すると考えられる．それをデータ上で検証す
るために，Ackerberg（2001）は1986-88年のサウスダコタ州スー・フォール
ズ市，そしてミズーリ州スプリングフィールド市のスーパー，ドラッグスト
アのヨーグルトの購買履歴データと，宣伝広告データを用いて分析を行っ
た．購買履歴データには，サンプルに含まれる消費者一人一人が毎週どの
ヨーグルト製品を買ったかが記録されている．研究者は各週，各店舗ごとに
記録されている消費者の購買履歴を使えば，ある週に販売されているヨーグ
ルト製品の1個当たりの価格を全ての調査対象店舗に関して再現できるか，
追加的な仮定のもとで近似できる．さらに，その調査では購買履歴データの
対象である家計の約半数が保有するテレビにチャンネルを記録する機器を装
着し，チャンネル選択データを収集するとともに，各チャンネルの広告の時

間帯と広告の内容から得られたテレビ広告の履歴データも提供されている．つまり，その時実際消費者が保有するテレビにどの広告が映っていたかがデータとして記録されていることになる．ただし宣伝広告をその消費者が実際に見たかどうかは不明である．

　このような購買履歴を用いた学習効果の推定の問題は，消費者がある商品の品質に関する情報を持っていない状況にあるのが購買履歴のデータ上のどの時点であるかが不明確であることである．一つの近似として想定されるのは，購買履歴データ上において対象となる商品の購入が最初に記録された時点が消費者が最初にその商品を購入した時点と考え，そしてテレビ広告履歴データから対象となる製品の広告の視聴が最初に記録された時点が消費者が最初にその商品の広告に接したと考えることである．すると，その両時点のより古い方を選び，その時点以前は消費者は対象商品に関する情報を保有していないと想定することができる．しかし，その想定には重要な問題点がある．多くの消費者が購買・宣伝広告履歴データが収集される前からすでに長い間その商品を消費し，その宣伝広告に接することによって，その商品の品質に関して十分な情報を得てしまっているかもしれないからである．その場合には，購買・宣伝広告履歴データにおいて消費者の購買，宣伝広告の経験数が増加しても宣伝広告の購買効果が少しも変わらないことが予想され，その場合，分析者は誤って学習効果が全く存在しないと報告してしまうかもしれない．購買・宣伝広告履歴データが収集された最初の時点以前の消費者の購買・宣伝広告履歴は不明なので，以上に述べたような誤った結論を得てしまう可能性を排除することは困難である．

　Ackerberg（2001）は以上のような問題を解決するために，購買・宣伝広告履歴データ収集期間中に宣伝広告，発売が開始された新製品の購買履歴に着目した．それはYoplait 150と呼ばれるヨーグルトの新製品であり，1986-88年のスキャナー・データ収録中に発売が開始された．よって，発売開始日以後初めて購入する消費者は，その新製品の品質に関して消費経験がない新規購買者であると考えられ，発売開始日から少なくとも一度はYoplait150の購買履歴が記録されている消費者は，購買経験者と考えることができる．

　Ackerberg（2001）はまず，以下の線形式の回帰分析を行う．

$$y_{jt} = \alpha p_{jt} + \beta ad_{jt} + \gamma x_{jt} + \epsilon_{jt} \tag{2.3.1}$$

　この式では被説明変数 y_{jt} は j 市の購買履歴データの t 日目における Yoplait150 の総販売量であり，p_{jt} は j 市の t 日目における Yoplait150 の平均価格，そして ad_{jt} は j 市の t 日目における過去4日の宣伝広告の総視聴量である．x_{jt} はその他の変数であり，それらは時間ダミー，そして2つの市のダミーである．最後に，ϵ_{jt} は需要ショックであり，平均価格，宣伝広告の総視聴量，そして x_{jt} では説明できない残差である．そのような需要ショック ϵ_{jt} はそれ以外の説明変数とは無相関であると仮定する．Ackerberg（2001）は回帰式（2.3.1）を新規購買者と購買経験者に関して別々に推定し，その結果を報告している．また，Ackerberg（2001）が用いた購買履歴データでは Yoplait150 のテレビ宣伝広告調査は Yoplait150 導入後3か月後に始められたので，Yoplait150 導入直後におけるテレビ宣伝広告のデータはない．よって，さまざまな方法で存在しないデータを類推・補填している．

　表2.3.1では式（2.3.1）のさまざまな状況における推定結果を報告する．まず表2.3.1a に表示されている結果では，総販売量は新規購買者の総販売量，平均価格は新規購買者の平均価格，そして過去4日の宣伝広告の総視聴量は新規購買者の総量として計算されている．結果（1），（3），（4）では被説明変数は j 市の t 日目における Yoplait150 の総販売量であり，結果（2）ではそれが Yoplait150 のマーケット・シェアになっている．結果（1），（2）では宣伝広告のデータが存在しない Yoplait150 導入直後の3カ月間の j 市の t 日目における過去4日の宣伝広告の総視聴量 ad_{jt} をゼロとしており，結果（3）は宣伝広告のデータが存在しない Yoplait150 導入直後の3カ月をデータから削除した場合の結果であり，結果（4）は3か月後からの全市全期間の宣伝広告の総視聴量 ad_{jt} の平均を最初の3か月の宣伝広告の変数として用いた場合の結果である．表2.3.1b. では購買経験者の総購買量，購買経験者の平均価格，そして購買経験者の過去4日の宣伝広告の総視聴量を用いて推定された同様の結果を報告している．

　以上の結果からわかるように，新規購買者においては，価格の係数は負の値に有意に，そして宣伝広告の係数は正の値に有意に推定されているが，購

買経験者においては価格のみ有意であり，宣伝広告の係数は正であるが，有意には推定されていない．またその推定値そのものも新規購入者の半分程度の値である．これらの結果が意味することは，宣伝広告は，まだ観測されざる品質に関して情報を持たない新規購買者には購買促進効果を持つが，購買経験者はすでに品質に関して十分に学習しているので，宣伝広告は購買促進効果を持たないことである．

　また，新規購買者の方が価格の購買効果が購買経験者よりも大きい．つまり，新規購入者の方が価格により敏感に反応する．それは購買経験者の方が製品の品質に対する情報をより多く持っており，それがより製品差別化（製品の差異化）をもたらし，購買の価格弾力性を低下させていると考えられるからである．

表 2.3.1　宣伝広告が購買行動に与える効果
被説明変数：Yoplait150 の総販売量

a.　サンプルが新規購買者の集計値である場合

	(1)	(2)	(3)	(4)
価格	− 5.298 (1.568) **	− .038 (.013) **	− 7.388 (1.726) **	− 5.354 (1.585) **
宣伝広告	.044 (.022) **	.030 (.015) **	.042 (.021) **	.044 (.022) **
サンプル数	918	918	678	918

注：* は有意水準10％の統計的有意性を示し，同様に ** は有意水準5％の統計的有意性，そして *** は有意水準1％の統計的有意性を示す．

b.　サンプルが購買経験者の集計値である場合

価格	− 3.954 (1.829) **	− .029 (.014) **	− 5.512 (2.207) **	− 3.942 (1.838) **
宣伝広告	.020 (.023)	.014 (.017)	.014 (.024)	.016 (.024)
サンプル数	918	918	678	918

注：* は有意水準10％の統計的有意性を示し，同様に ** は有意水準5％の統計的有意性，そして *** は有意水準1％の統計的有意性を示す．

　以上の結果では，j市のt日の集計量をデータとして用いたので，それ以外の個人差に基づく購買量の変化を無視していた．そのような個人差を反映するデータの例としては，消費者iのt日目におけるYoplait150の過去の購買経験数などが考えられる．

　そこで，以下のような離散選択モデルを用いて，個人の購買履歴をフルに用いた推定方法の結果を説明する．その推定方法では，以下の式で表される個人の購買確率を推定する．

$$Pr\,(d_{it}=1)=Pr\,(\alpha p_{it}+\beta ad_{it}+\gamma x_{it}+v_i+\epsilon_{it}>0)$$

　p_{it}は消費者iが第t日目に訪れたスーパー，またはドラッグ・ストアでのYoplait150の価格であり，ad_{it}は消費者iが4日前からt日目までに接したYoplait150のテレビ広告の回数，そしてx_{it}はその他のコントロール変数である．ここでv_iはランダム効果と呼ばれ，ある個人の時間とともに変わらない消費の選好を示すものとして解釈される．その分布は正規分布に設定されている．ヨーグルトの例を考えると，データが収録された当時YoplaitブランドはYoplaitオリジナル，Yoplaitカスタード，そしてYoplait150の3つのサブブランドのヨーグルトを発売しており，それぞれのブランドごとにいくつかの味のオプション（プレーン，いちご味など）の商品が提供されていた．Yoplait150は低カロリー，低脂肪分がアピール・ポイントであり，あっさりとした味わいを好む消費者や，健康志向を持つ消費者をターゲットとした．Yoplaitブランドは，Yoplaitカスタード，そしてYoplait150,そしてYoplaitオリジナルの3つのサブブランドを提供することによって，それぞれコクのある味わいを好む消費者，あっさりとした味わいを好む消費者，そしてそのどちらの嗜好性も強く持たない消費者の好みに対応していた．つまり，vを消費者iが好むヨーグルト1グラムあたりのカロリーとすると，vが低い消費者はYoplait150を好む傾向にあり，vが高い消費者はYoplaitカスタード，そしてvが中間の値をとる消費者はYoplaitオリジナルを好む傾向にあると考えることができる．

　ϵ_{it}は以上の変数をコントロールとして入れてもまだ説明できない，毎期毎期に独立に分布している需要ショックであり，その分布はタイプ1極限分布

に従うと仮定する．そして，α, β, γ，ランダム効果v_iの平均，分散などのパラメータを最尤推定法で推定する．この場合最尤推定法は，すべての個人とデータ期間に関し，Yoplait150を購買した場合，その購買確率をできるだけ高くし，Yoplait150を購買しなかった場合はその非購買確率をできるだけ高くするようなパラメータを求めるものである．表2.3.2では，推定結果の一部を表示する．

推定結果（1）は，ランダム効果v_iを含まない通常のロジット・モデルの推定結果である．宣伝広告は新規購買者の購買確率を有意に上昇させるが，購買経験者には有意な影響を及ぼさない．ランダム効果v_iを含むモデルの推定結果（推定結果（2））においても同様の結果が得られている．推定結果（3）は宣伝広告の販売促進効果と，宣伝広告と過去の購買経験数の交差項を含むロジット・モデルの推定結果の一部，そして推定結果（4）ではランダム効果v_iを含むモデルの推定結果の一部を表示している．両結果ともに，宣伝広告の購買促進効果は消費者の過去の購買経験が多ければ多いほど低下することが示されている．

以上の研究の重要な貢献は，新製品の登場とともに消費者の学習がスタートすることを利用して，消費による学習をまだ行っていない消費者と，すでに学習をした消費者とをデータにおいて分離し，そのことによって学習効果

表2.3.2　Yoplait150購買選択モデルの推定結果の一部

	(1)	(2)	(3)	(4)
宣伝広告×*新規購買者*	2.047 (0.723)**	2.306 (0.776)**		
宣伝広告×*購買経験者*	0.904 (0.635)	0.433 (1.212)		
宣伝広告			1.716 (0.764)**	2.014 (0.790)**
宣伝広告×*過去の購買経験数*			− 0.148 (0.063)**	− 0.356 (0.108)**

注：*は有意水準10%の統計的有意性を示し，同様に**は有意水準5%の統計的有意性，そして***は有意水準5%の統計的有意性を示す．

を推定することを提唱したことである.

　しかし, そのように新製品が登場した時期がちょうどパネル・データの収集期間内であるケースはあまりない. よって, そのような事例だけで学習効果を分析したのでは, 異なる新製品, そして異なる産業構造における学習効果を推定することは難しい.

　Ching et al. (2020) は新製品に頼らない学習効果の推定方法を考案した. 彼らは母親の紙おむつの購入における学習効果を推定している. 紙おむつの場合, 母親が最初に購入するのは, 1人目の新生児が誕生するときであり, それ以前は母親はおむつを使用したことがないと考えることが自然である. Ching et al. (2020) はそのような分類によって, おむつの使用歴がない母親と, 使用歴がある母親を区別し, 学習効果を推定できることを示した.

　宣伝広告の分析のもう一つの課題は, なぜ既存の消費者が既に十分な学習を済ませていると考えられるような成熟期の商品 (例えば炭酸飲料水, ビールなどの既存ブランド製品) でも宣伝広告が行われているかを説明することである. Ackerberg (2001) では, 新製品ではない既存製品における宣伝広告の購買促進効果をプレステージ効果と呼ぶ. それは, 宣伝広告により, 消費者がその商品を購買, 消費するときの効用が上昇する効果であると定義されている. それにはいくつかの理由が考えられうる. まず, 宣伝広告が消費から得られる効用を直接上昇させる効果を考慮する. Allison and Uhl (1964) はビールの味見実験で, ブランドのラベルが付いている容器に入ったビールと, 全く何もついていない容器に入ったビールの味の評価を比較したところ, ブランドのラベルが付いている容器に入ったビールの方が味の評価が高いことを報告した.

　このように, ビールの液体に直接何の関係もないブランドのラベルが直接消費者の効用を増加させることは不自然に思えるかもしれない. しかし近年脳波の研究において, 高級ブランドのラベルの付いたワインを見ると, 消費者の味覚をつかさどる脳の部分の脳波が増大していることが確認されている (Plassmann et al. (2008) 参照).

　それ以外に, 宣伝広告は消費者の購入, 消費を行う社会的効用を増加させる効果を持つ. つまり, 高級品を購入, 消費することによって, 消費者は所

属する集団内での社会的地位（プレステージ）が上昇したと感じ，それによって高い効用が得られる．Han et al.（2010）はさまざまなブランド製品に表示されているブランドのマークの大きさの違いを用いて，複雑なプレステージ効果を実証的に分析している．彼らが注目したことは，高級ブランドの商品では，それらのデザインの中に表されているブランドのマークが小さければ小さいほど，その製品の価格が高いことである．通常のステータス効果の考え方によると，消費者は高級ブランド商品の購入，消費を行うときに，ブランドのマークがよりはっきりと認識されればされるほどステータス効果が強いことが予想される．彼らの説明は以下の通りである．高級ブランドの消費者は2つの異なる社会層に分裂しており，最上級社会層に属する人々は，より控えめに趣味がよいことをアピールし，露骨に高級ブランドを見せびらかすような成金趣味を見下すことによって，ステータスを感じる．より控えめなマークの表示がそのようなニーズを満たすので，それがブランドのマークの大きさと価格の負の関係をもたらすと考えることができる．

さらに，Ackerberg（2001）ではあまり議論されていなかったが，シグナル効果も成熟期にある製品に関して存在する可能性がある．Klein and Leffler（1981）において理論的に示されたように，たとえ消費者が過去の学習においてある商品が高品質であることを既に理解したとしても，それが，その商品が高品質であり続ける保証にはならない．つまり，消費者はその商品が次に消費する場合も高品質であるかに関して不安がある．その不安を取り除くことが宣伝広告のシグナル効果である．つまり，企業が宣伝広告をすることが，その企業が引き続き高品質の商品を提供し，消費者の継続購買によって利益を得ることをコミットメントとして示すことになると考えることができる．

Ackerberg（2001）は品質について学習済みの消費者に与える宣伝広告の購買効果を推定することによって，このような消費のステータス効果を推定したが，有意な結果が得られなかった．つまり，既存のヨーグルト製品は購買効果がなくても宣伝広告を行っていることになる．それでは企業は全く意味がないのに宣伝広告に大金を投じているのであろうか．

そこで，学習効果の派生的な考え方として，消費者の忘却効果を考慮して

みる．それは，消費者はある商品を長い間消費しないと，その商品の観測さ
れざる品質に関して学習によって得られた情報を忘却してしまうという考え
方である．Ackerberg（2001）の場合，新製品の導入直後のデータを分析して
いるので，そこでは過去にその製品を消費し，非消費期間が長く続いたため
にその品質を忘却してしまった消費者の数は成熟期にある製品よりも少ない
と考えられるので，忘却効果による宣伝広告効果を有意に推定できなかった
かもしれない．

　Erdem and Keane（1996）は学習効果を含む動学的離散選択モデルを液体洗
剤の購買履歴データを用いて推定した．彼らの推定結果では，宣伝広告と消
費による学習効果が有意に正に推定された．彼らは通常の購買履歴データを
用いたので，データ収集前の購買履歴は観測されない．また，データ上に登
場する液体洗剤の商品はいずれも新商品ではなかったので，消費者はそれら
の商品に関してはすでに多くの消費経験を持っていると考えることが妥当で
ある．その場合でも顕著な学習効果が推定されたので，もしその結果が正し
ければ，消費者は過去の豊富な消費経験をもとに，液体洗剤の各商品に関し
て十分な知識をすでに得ていなければならない．他方もしそうだとすると，
なぜ過去に十分に学習しているはずの消費者の購買行動から学習効果が推定
されているかが疑問となる．そこで忘却効果を取り入れれば，これらの事実
の間に一貫性のある説明を加えることができる．もし消費者が，ある製品を
しばらく消費せず，しかもしばらくの間宣伝広告にも接しなかったならば，
その消費者は過去に学習したその商品の品質に関する知識を忘れてしまうこ
とが考えられる．成熟期にある商品でも，一定数の消費者は品質に関する知
識を時間の経過とともに忘れるという忘却効果があるとすれば，宣伝広告の
購買効果はそれらの消費者にとっては存在することになるので，それが Er-
dem and Keane（1996）の学習効果の推定結果の根拠となっているかもしれな
い．その場合には，学習効果のみを含めたモデルでは忘却効果を適切にコン
トロールしていないので，推定値にバイアスが生じる可能性を否定できな
い．

第4節　学習効果と忘却効果

Mehta et al.（2004）は学習効果と忘却効果の両者を液体洗剤の購買履歴データを用いて推定した．その推定が困難である理由は，購買履歴データを用いて，学習効果と忘却効果の両者を別々に識別しなければならないことである．

忘却効果がデータ上にて検出されるためには，消費者がある程度の期間にわたってある製品を買わない期間があることが必要であるが，そのような不買期間は決して学習効果や忘却効果に対して外生的に与えられるものではなく，それらの効果を考慮に入れた消費者の行動から内生的に発生するものである．さらに学習と忘却は消費者の購買行動にそれぞれ逆の効果をもたらす．つまり，消費者がある時期にある商品を購入すると，消費者はその商品から学習するが，逆に消費者がその商品を購入しない場合は，消費者がその商品の品質を忘却する．したがって，消費者の購買の動学的な意思決定は，学習効果と忘却効果の両効果と関係があることになるので，両者がどの程度消費者行動を決定しているのかを分離して推定することは困難であることが想像できる．さらに，Mehta et al.（2004）のモデルの制約として，消費者が液体洗剤を全く買わないという選択を考慮に入れていないので，購買期間のみデータとして用いられている．非購買期間では，消費者は液体洗剤を全く使用していないのか，購入済の在庫を消費して，その消費から学習しているが，そのような行動はデータ作成上無視されることになる．購買期間のみのデータ上では，ある商品が長期間購買されないことは，その商品が忘却されていると同時に，必ず他の商品が購入され，学習されていることになる．つまり，購買期間のみのデータ上では，学習効果と忘却効果が同時に生じているので，二つの効果を分離して推定することは難しく，それはモデルの強い仮定に依存していることが考えられる．

さらに，Mehta et al.（2004）は液体洗剤の購買履歴データを用いて実証分析を行ったが，その際に，商品の購買・非購買の履歴のみデータとして使い，一回の購入当たりの購入量は分析に使わなかった．消費者は液体洗剤を購入後しばらくはそれを在庫として保有し，それを使い続けることを考えると，

非購買期間においても在庫が切れるまで消費者は消費による学習を続けると考えることが自然であるが，それを明視的にモデル化して推定していない．つまり，非購買期間では在庫からの消費と非消費の2つの可能性が混在しているであるが，非購買期間中の消費による学習を考慮に入れていないので，非消費による忘却効果のみを取り上げていることになる．それが学習効果と忘却効果の推定にバイアスを生じさせている可能性も否定できない．

　このような問題に対処するために，筆者と共同研究者（Imai et al.（2019b））は紙おむつのデータを用いて研究を行っている．この研究の特徴は，一人目の幼児の誕生日と二人目の幼児の誕生日の間の間隔は，紙おむつの使用の意思決定とは外生的な要因によって決まると考えると，その誕生日の間隔のデータにおけるバリエーションを用いて，忘却効果を内生性によるバイアスなく推定できることである．以下，より詳しく説明する．以前にも説明したように，母親が最初に紙おむつを使用するときは，最初の新生児が生まれたときであるので，その後の購買行動の変化から，既存の研究は学習行動を推定してきた．しかし，それは学習効果と忘却効果の混合効果である可能性が否定できない．そこで，われわれは母親が二人目の新生児を生むまでの期間を考慮する．一人目の幼児が紙おむつを使わなくなった後に二人目が生まれるまでの期間は，母親は紙おむつを使用しないので，その期間を外生的な忘却期間として考えることができる．もちろん出生のタイミングは母親の意思決定にも影響されるので，純粋には外生的とは言えないが，そのような意思決定は，主に家族計画に関する要因によって左右され，紙おむつの学習効果や忘却効果にはほとんど影響されないと考えてもそれほど不自然ではない．

　このような議論から，原理的には紙おむつの購買行動の特性から学習行動と忘却行動を別々に推定できることがわかる．しかし，実際は第1子と2子の間の紙おむつの購買行動の違いは忘却効果ではなく，別の要因である可能性も否定できない．第1子と第2子の誕生日の間隔があけばあくほど，子供の体質が異なり，第1子で得られた経験が生きてこなくなるかもしれない．よって，忘却効果の推定には別のアプローチも必要となる．

　次に，在庫理論を用いた忘却効果の推定方法を説明する．在庫理論では，消費者はセールのとき，将来の価格の上昇に備えて，そしてスーパーに行く

コストなどの購買コストを節約するために，商品を消費量以上に購入し，消費後に余った商品を将来の消費のための在庫として保有し続ける．その場合，もし消費者が将来消費する動機が低ければ，在庫の保有動機も低くなることが考えられる．そこで，消費者がある商品の品質に関してあまり情報を持っていない場合を考察する．その理由は，消費者がまだあまり消費経験がないからか，または消費者がその商品の品質を忘却してしまったかが考えられる．いずれにせよ，その場合消費者は将来の消費経験の結果，その品質が低いことに気がつく可能性も十分あることを予想する．そして，そのときに大量の低品質の商品を在庫として保有することだけは避けたいと思うことは合理的である．よって，在庫の保有動機も低くなり，購入量も減少すると考えられる．

　逆に，もし消費者がある商品の品質の高さに関して十分な情報を保有しているとすると，将来その商品が低品質であると考え直す可能性は低いので，安心して在庫を保有することができ，購入量も増加すると考えられる．よって，在庫量が消費者の保有する商品の品質に関する情報を間接的に表す変数である（このような変数のことを代理変数と呼ぶ）と考えることができる．

　Imai et al.（2019b）は以上のような考察をもとに，IRI　Marketing Dataset のおむつの購買履歴データを使って学習効果と忘却効果の推定を行った．IRI Marketing Dataset はマーケティング研究で使われる代表的な購買履歴データであり，約30種類の食料品や日用品の個人の購買日，購入店，購買価格，購買量が記録されている．さらに，30種類すべての品目に関してそれぞれの購入店で陳列されている競合商品のそれぞれの価格，クーポンの有無，注目商品であるかどうかが記録されている．更に，新聞，チラシ等の広告も記録され，そしてサンプル中の消費者のテレビ広告の視聴に関する情報も限定された品目に関して含まれている．表2.4.1では幼児の成長に応じた紙おむつの購買数を表している．幼児は成長に応じて装着する紙おむつのサイズを新生児用からステージ1,そしてステージ6に変えていく．

　このように，幼児の体重の増加に伴い，母親の購入する紙おむつの種類が異なるので，母親は同じ製品の学習を続けるわけではない．よって，紙おむつの場合は，第1子の購買履歴のみから学習効果を推定することは必ずしも

適切ではない．その代わりに，この研究では第1子の新生児用のおむつと第1ステージのおむつの購買履歴と，第2子の同様な購買履歴とを比較することによって，学習効果と忘却効果を推定する．

表2.4.2では，一回の購入における商品の種類の多さの指標の統計量を報告する．より具体的には，一回の購入で消費者がx種類のおむつを総数y個購入したとすると，商品の種類の多さを表す指標としてx/yを用いる．

ここでわれわれは，紙おむつの使用を続けることによって母親はどの紙おむつの商品が幼児に最も適しているかを十分学習した後には，最も適していると考えられる商品を購買し続ける傾向にあると考える．よって，一度に買う紙おむつの種類の数が，紙おむつに関する知識を表す変数とすることができる．ここで第1子と第2子の製品の種類の平均を比較すると，第2子の方が低い．もちろん，第2子の紙おむつを買う時に，第1子の紙おむつの経験を忘却している可能性もあり，また第2子には第1子とは異なる紙おむつが

表2.4.1　紙おむつのサイズと総販売量

紙おむつのサイズ	総販売量
新生児	961
ステージ1	2155
ステージ2	2686
ステージ3	6287
ステージ4	9764
ステージ5	6729
ステージ6	4038
その他	2494
総数	35114

表2.4.2　一回の購入における商品の種類

	サンプル数	平均	分散
第1子	28	0.6236	0.0876
第2子	28	0.5026	0.0494

適している可能性もあるので，第1子と第2子の差はそれらすべての効果の和である．その場合でも第2子の方が平均種類数が少ないことは，第1子の購買経験が第2子の購買に影響を与えていることを示し，その一部が学習効果であると考えることができる．しかし，表2.4.3で報告しているように，第2子と第1子の差の検定を行うとそれは有意ではなかった．その理由の一つがサンプル数の少なさによると考えられる．われわれが用いた購買履歴データでは，第1子と第2子の紙おむつの消費が別々にデータとして記録されるため，推定に使われるデータではパネルの記録期間中に第1子と第2子が誕生しており，しかも第1子と第2子の誕生間隔が離れていなければならず，そのようなサンプルは非常に少ない．よって，より大規模なデータを用いた研究が望まれる．

次に，表2.4.4では被説明変数が一回の購入における商品の種類数の指標，そして説明変数が第1子と第2子の間の非購買期間である回帰分析の結果を報告する．もしも忘却効果があれば，第1子と第2子の間の非購買期間が長ければ長いほど，第2子のための紙おむつの一回の購入における商品の種類の指標が増加するはずである．そのような仮説を検定するために，非説明変数が第2子の紙おむつの商品の一回の購買あたりの種類指標から第1子の同

表2.4.3　第1子と第2子との差の検定

平均	− 0.1210
標準偏差	0.0823
T値	1.4708
P値	0.1523

表2.4.4　忘却効果の推定
被説明変数：第2子の紙おむつの商品の種類指標
―第1子の紙おむつの商品の種類指標

定数項	− 0.0053（− 0.035）
非購買期間	− 0.0001（− 0.914）
サンプル数 = 28, R^2 = 0.031	

様の指標を引いたものとし，説明変数を第2子と第1子の間の非購買期間とした回帰分析を行い，その結果を表2.4.4に報告する．

表2.4.4の結果からわかるように，非購買期間の係数はゼロに近く，しかも統計的に有意ではないので，第1子と第2子の紙おむつの購買履歴の関係からは，忘却効果を支持する結果は得られなかった．

次に，表2.4.5において第1子と第2子の一回の購買当たりの紙おむつの購買量を比較する．第1子の場合には，平均購買数が1.2857であるが，第2子の場合には，それが1.7857に増加している．第2子の方が第1子より多く紙おむつを消費するとは考えにくいので，母親は第2子のときの方がより多く在庫を保有していると考えた方が自然である．表2.4.6において，第2子と第1子の1回当たりの購買量の差が有意に正であるかの片側検定を行った．その結果，差が有意に正ではない仮説が約5.5パーセントで棄却される．つまり，第2子のときの方が第1子のときよりも紙おむつの在庫が多いことが

表2.4.5 一回当たりの購買量の統計量

	サンプル数	平均	分散
第1子	28	1.2857	0.4339
第2子	28	1.7857	1.7302

表2.4.6 第2子と第1子の一回の購買量の差の検定

平均	0.5000
標準偏差	1.3194
標準誤差	0.2493
t値	-2.0053
P値（片側検定）	0.0550

表2.4.7 忘却効果のための回帰分析

定数項	0.3334（0.683）
非購買期間	0.0011（0.400）
サンプル数：28, $R^2 = 0.006$	

ある程度の有意性をもって示されたといえる．その結果の解釈としては，母親は第2子のときの方が紙おむつの品質に関してより多くの情報を持っていることになり，学習効果を支持する証拠となりうる．

次に，表2.4.7において，被説明変数に第2子と第1子との一回当たりの紙おむつの購入量の差，そして説明変数においては第2子と第1子の間の紙おむつの非購買期間を用いた回帰分析の推定結果を報告する．その結果，非購買期間の係数は正でありかつ有意ではないので，忘却効果を支持するような結果ではなかった．

これらの結果をまとめると，以下のいずれも統計的には有意ではないが，今後の研究の方向性を示すような関係が得られたといえる．紙おむつの購買行動に関しては，母親は紙おむつの使用を通じてその商品の品質に関して学習を行うが，そこで学んだ知識は，第2子の使用の際にも忘れずに用いられていることである．また，第2子の方が第1子より一回の購入における商品の種類が少なく，しかも購買量が多い．つまり，母親は第2子の方が第1子より限定された種類の商品をより多く購入している．より限定された種類の商品を買うことは，消費者が学習によって商品の品質に関する知識を得ることによって，より子供にあった紙おむつを選択していることを示し，また一回当たりの購買量が多いことは，消費者の在庫保有行動を示唆するので，われわれが当初提案した，在庫保有動機に基づく購買量が消費者の製品の品質に関する情報の多寡を示していることの根拠として考えることができる．

第5節　学習効果とシグナリング均衡の関係の実験

最後にImai et al.（2019c）が行った実験とその結果を紹介する．この実験の目的は，第1に，今まで議論してきたブランドの持つ多彩な機能を別々に推定することである．より具体的には，まず，この実験ではワインの（瓶と）ラベルのブランド機能を分析するが，それが中身の評価をより高める効果と，ブランド機能が購買確率にどれだけ影響を及ぼすかを別々に推定できるので，中身の消費から得られる効用以外に有名ブランドのワインを購入することによる効用を高める効果を別々に推定する．

Allison and Uhl（1964）は，市販のビールと，ラベルのない容器に入った，

ブラインド・テイストによるビールの味わいの評価を比較してブランドの効果を計測したが，Imai et al. (2019c) は市販のワインと，ブラインド・テイストによるワインの香り，味わい，そしてバランスの評価に加えて，中身とラベルがランダムに組み合わされたワインも被験者に提供し，その中身の評価を報告してもらう．さらにブラインド・テイスト以外の場合のラベルの評価も報告してもらう．そのような情報をもとにして，Imai et al. (2019c) はラベルの高級感が中身の品質のシグナルとなっているかを学習モデルを用いて検証する．より具体的には，我々は消費者の学習モデルを用いて，実験結果から消費者が事前に予想するラベルの高級感の評価と中身の評価の間の関係と市販のワインにおける両者の関係を導出し，それが異なることを示す．シグナル均衡では消費者が期待する関係と実際の関係が等しくなければならないので，この結果からシグナル均衡が成立しないことが検証される．

　既存研究ではシグナル効果の推定と，その土台となる学習モデルの推定が別々に行われてきた．しかし，成熟商品においては，宣伝広告の販売促進効果は推定できるが，それがどの程度シグナル効果によるものであるかは学習効果に依存する．また，すでに議論したように，忘却効果がない場合，過去の消費経験が豊富な成熟製品の品質は，消費者が十分に学習済みであれば，学習効果は存在しないはずであるので，学習効果は推定不可能である．そして購買履歴データを用いた忘却効果と学習効果の同時推定は，両者が購買行動に依存し，それが内生変数であるときに推定値にバイアスが生じる内生問題もあって困難である．本研究では，市販のワインに加えて，ラベルと中身がランダムに組み合わせたワインを被験者に評価してもらうことによって，以上のような問題点を回避している．より具体的には，ラベルと中身がランダムに組み合わされたワインは，外見は既存製品とそっくりではあるが，「新製品」である．我々はそのような実験内で人為的に作られた新製品と既存製品を被験者に実際に消費してもらい，その後でラベルや中身を評価してもらい，そして購買選択を行ってもらう．以上のような消費経験による学習の後に得られた両製品の中身の評価を用いることによって学習モデルのパラメータが推定可能となる．そのようにして得られたパラメータをもとにして，シグナル・モデルの均衡が成立しているかを検証する．

実験では，被験者はランダムに選んだ5種類のワイン（5種類のワインの中での重複は避けた）の評価を行う．また，被験者を後述のように3つのグループに分けてワインの評価を行うこととした．

被験者の具体的な評価の手順は以下の通りである．まず被験者はワインをテイストする前に（瓶と）ラベルの様々な特徴に関して評価する．

次に注がれたワインの液体の外見，香り，味を評価する．そして最後に，5種類のワインのどれか一本購入するか，または何も買わないかを選ぶ．その際に我々はそれぞれのワインに市場価格と異なる価格をランダムに発生させ，それを支払価格とする．3度ランダムに価格を発生させ，購買選択を行ってもらう．

なお，被験者が正しく購買選好を表明するインセンティブを持つように，購買選択を行った被験者の中からランダムに10パーセント選び，その被験者がワインの購買を選択した場合，1万円から選んだワインの価格を差し引いた金額およびワインを景品として献上することとした．他方，その被験者がワインを買わない場合は，その被験者に1万円を献上することとした．

また，Imai et al.（2019c）は被験者を3つのグループに分け，それぞれのグループで異なる実験を行った．

グループ1の被験者には，市販のワインを提供する．グループ2の被験者には，ラベルとワインをランダムに組み合わせた架空の商品を提供する．そしてグループ3には，通常のブラインド・テイストと同様にワインの中身のみ提供する．

このように異なるグループに異なる形式でワインを提供し，グループ毎のワインの評価の違いを比較することによって，ラベルと瓶，つまりブランドがワインの評価，そして購買行動に与える影響を計測することが実験の目的である．その際に，グループ2,3ではワインを市販の瓶とは異なる容器に移し替えて提供しなければならなくなる．すると，そのような作業中に微小であるかもしれないがワインの液体に化学反応が生じ，その結果ワインの液体の香りや味わいが微妙に変化し，それがグループ1とその他のワインの評価の差をもたらしてしまうかもしれない．そのような，グループ間の作業工程の差が原因となる評価の差を排除するために，各グループの作業工程を，全

図 2.5.1　グループ 1 のワインの処理

く同一にする．次に，そのような作業工程を，それぞれのグループに分けて説明する．

　グループ 1 の被験者には，以下のようにして 5 種類のワインを用意した．図 2.5.1 にまとめられているように，まず 5 種類の市販のワインの瓶の中の中身を，ワインの瓶ごとに用意されたそれぞれのピッチャーに注ぎ，それから瓶を軽く水洗いし，そしてその瓶の中にピッチャーのワインをいれ，それを被験者の前に置かれた 5 つのグラスに注ぎ，それからそこにワインの瓶とラベルの写真，そしてラベルなどに書かれているワインの情報を書いたパンフレットを置いた．グループ 1 ではわざわざピッチャーに移し替える理由は，グループ 2, 3 においてそのような作業をする必要があるので，グループ間のワインの取り扱い方を同じくするためである．そうすることによって，グループ間におけるワインの評価の違いが，ワインの取扱いの違いによって生じないようにする．

　グループ 2 の被験者には，図 2.5.2 に簡単に示されているようにワインとパンフレットを用意する．まず 5 種類の市販ワインの中身を，瓶からそれぞれ用意されたピッチャーに注ぎ，それから瓶を軽く水洗いし，そしてピッチャーと瓶をランダムに組み替える．その後，ピッチャーから所定の瓶にワインを注ぎ直し，それを被験者の前に置かれた 5 つのグラスに注ぎ，それからグループ 1 と同様にそれぞれの瓶と対応するワインのパンフレットを置く．このように，グループ 2 の被験者にはワインとラベル（瓶）をランダム

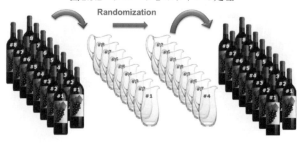

図 2.5.2　グループ 2 のワインの処理

図 2.5.3　グループ 3 のワインの処理

に入れ替えたものを提供するが，それをグループ 2 の被験者には知らせない.

　他方，グループ 3 の被験者には，図 2.5.3 で簡単に示されているように，ブラインド・テイストに相当する形式でワインを提供する．つまり，5 種類の市販のワインの瓶の中身をそれぞれ用意されたピッチャーに注ぎ，そのワインをラベルのついていない瓶に移し替え，それからそれを被験者の前に置かれた 5 つのグラスに注ぐ．ワインのパンフレットは置かない．よって，グループ 3 では，ワインに関する情報は被験者には提供しない.

　表 2.5.1 にその結果の基本統計量を報告する.

　表 2.5.1 からわかるように，グループ 1, 2 と 3 ではワインの市場価格の平均，分散はほぼ同じである．つまり，ワインはグループ 1, 2 と 3 にほぼランダムに配分されていることが示されている．また，ランダムに発生された価格もグループ 1, 2 と 3 では平均，標準偏差ともにほとんど差異がないことがわか

表**2.5.1**　ワインのデータの基本統計量

	グループ1	グループ2	グループ3
サンプル数	450	1050	600
	市場価格（円）		
平均	3652	3575	3614
標準偏差	1469	1484	1422
	ランダム発生された価格		
平均	2976	2998	3021
標準偏差	948	964	1028
購買サンプル数（比率）	79（0.176）	186（0.177）	78（0.13）
	購買価格（円）		
平均	2423	2290	2166
標準偏差	807	811	831
	購買市場価格		
平均	3700	3700（ラベル）	3951
標準偏差	1251	1406（ラベル）	1193
平均		3849（液体）	
標準偏差		1391（液体）	

る．これも，グループ1, 2, そして3の間で価格がランダムに発生されていることを示している．また，ランダム発生させた価格の平均と標準偏差は，実際の市場価格のそれよりも小さい．これは，実験で用いるワインの中には少数であるが高価なものも含まれており，そのような分布の特徴を，ランダム発生に用いた分布は完全には取り入れられなかったからである．しかし，そのこと自体は実験の妥当性とは関係がないといえる．

　次に，被験者が評価したワインの中で，何割が実際に買われたかを見てみると，グループ1, 2ともに約18パーセント，そしてグループ3では約13パー

セントとなっている．被験者は5種類のワインを評価しているので，もしすべての被験者がワインを1本買うことを報告しているならば，ワイン1種類当たりの購買確率は20パーセントとなる．よって，グループ1, 2のほとんどの被験者は，気に入ったワインを買ったことがわかる．その反面，グループ3のブラインド・テイストの被験者の購買確率は低い．グループ1と2の被験者には，ワインのラベルと瓶を写真で示されているが，グループ3の被験者には，ワインに関する情報が全く与えられていない．よって，グループ1, 2と3の違いは，ブランド効果によるものと考えられる．

　次に，購買価格の統計量をみると，グループ1, 2, 3の全ての被験者において，平均購買価格は平均市場価格より低い．よって，どのグループに属していても，被験者は購買選択においては価格を考慮していることが分かる．また，グループ1の被験者の平均購買価格が最も高く，次にグループ2, そしてグループ3となっている．つまり，ラベル，瓶と液体のブランドが一致しているワインを試飲したグループ1の被験者の購買選択が最も価格を気にせず，ラベル，瓶と液体のブランドが一致していないワインを試飲したグループ2の被験者が次に，そしてラベル，瓶を見せられていないグループ3の被験者が最も価格を重視していることがわかる．この結果から，被験者は，ブランドの情報が不十分である場合は，価格を重視することがわかる．つまり，ワインのブランドが，消費者の製品差別化（製品の差異化）を促進し，そのことによって，企業により高いマージンを獲得させていることが示される．

　表2.5.1ではグループ1, 2, そして3の購買市場価格の統計量も報告している．どのグループにおいても，購買市場価格の平均は，市場価格の平均より高い．つまり，被験者はより市場価値の高いものを選んでいることがわかる．さらに，グループ1の平均購買市場価格と，グループ2のラベル，瓶のブランドの購買市場価値の平均は同じであるが，グループ2の液体のブランドの購買市場価格はグループ1のそれよりも高い．さらに，ラベル，瓶の情報が全く与えられていないグループ3の被験者の平均購買市場価格が最も高い．つまり，被験者は，ラベルの情報が不正確であればあるほど，市場価格をより正確に把握でき，より市場価格が高いワインを購買していることがわかる．よって，ラベル，瓶などのブランド情報は，消費者にとってはよりワイ

ンの価値の判断を迷わす役割を持っていることになる.

　次に，表2.5.2において被験者のワインの評価の統計量を報告する．まず，ワインの全体の評価をみると，平均的にはグループ1の被験者の評価が最も高く，グループ2, 3の評価がほぼ同じである．グループ2はワインの液体とラベル・瓶がランダムに組み合わされており，グループ3ではワインはラベルのない瓶に入れられていることから，ワインの全体の評価に関して，ラベル・瓶そのものはあまり貢献していないことがわかる．グループ1と2の差をみると，ワインとラベル・瓶の組み合わせがワイン全体の評価にとって重要な役割を持つことがわかる.

　次に，購入されたワインの全体の評価の統計量を見ると，どのグループにおいても，その評価の平均は全てのワインの平均よりも高い．つまり，消費者は評価の高いワインを選んで購入していることがわかる．このような特徴は，以下報告する全てのワインの評価項目においても成立する.

　次に，表2.5.2では液体の外見の評価を報告している．平均的にはグループ3の評価が最も高く，次にグループ1の評価が高いが，グループ1と3の評価はあまり差がなく，グループ2の評価が他よりも顕著に低くなっている.

　つまり，グループ2のようにラベルと液体がランダムに組み合わせられた場合，消費者はラベルが全く無い方が，液体の外見を高く評価していることになる.

　ワインの香り，味わい，そしてバランスの評価に関しても，グループ1の評価の平均が最も高く，グループ2, 3の評価の平均はグループ1より低く，ほぼ同等のレベルであることがわかる．つまり，グループ2で行ったように仮にラベルを液体とは無関係に付与しても，それはグループ3のラベルがない場合と比べて香り，味わい，バランスの評価は同様であるので，ラベルはワインのこれらの評価に何も貢献していないことが確認される．他方，グループ1では市販の液体とラベルの組み合わせのままで被験者にワインを提供したが，その場合は香り，味わい，バランスの評価は他のグループより高かったが，それは液体とラベルの組み合わせが評価を高めていると考えることができる.

　次に，ラベル・瓶を含めたワインの外見の総合評価を見ると，グループ1と2はほぼ同じである．つまり，消費者のラベル・瓶自体の評価は，その

表 2.5.2　ワインの評価

		全てのワイン			購入されたワイン		
		N	平均	標準偏差	N	平均	標準偏差
全体の印象 （1-10）	G1	147	6.605	1.474	78	7.603	1.036
	G2	349	6.201	1.624	186	7.113	1.412
	G3	150	6.207	1.688	78	7.397	1.342
液体の外見 （1-10）	G1	148	6.486	1.580	76	7.329	1.076
	G2	345	6.116	1.621	183	6.770	1.453
	G3	145	6.524	1.500	75	7.040	1.380
液体の香り （1-10）	G1	149	6.060	1.653	79	6.886	1.450
	G2	343	5.641	1.836	180	6.156	1.752
	G3	145	5.717	1.790	75	6.600	1.644
液体の味わい （1-10）	G1	146	6.288	1.558	77	7.234	1.385
	G2	343	6.064	1.695	180	7.050	1.522
	G3	144	5.972	1.730	74	7.135	1.358
液体のバランス （1-10）	G1	149	6.523	1.427	77	7.372	1.118
	G2	350	6.151	1.617	186	6.989	1.485
	G3	150	6.193	1.641	78	7.244	1.311
外見の総合評価 （1-5）	G1	150	2.927	1.159	27	3.333	1.209
	G2	349	2.857	1.087	63	3.286	1.038
意外性 （1-5）	G1	145	1.731	0.892	77	1.519	0.771
	G2	350	1.623	0.857	186	1.468	0.744
	G3	150	1.573	0.736	78	1.321	0.592
購買確率 （%）	G1	450	17.6				
	G2	1050	17.7				
	G3	600	13.0				

中にある液体とは無関係であることがわかる．外見の総合評価はラベル・瓶の評価も含まれるので，ラベルの付かない均一の瓶に移されたワインを評価するグループ 3 のデータは評価の対象となりえない．

　次に，ラベル・瓶，そして液体の外見を考慮した場合，ワインの液体の香り，味の評価が予想通りであるか，意外であるかを質問した結果を見る．そこでは，グループ 1 の消費者の方が，グループ 2 の消費者より平均的に意外性が高い．グループ 2 のような，ワインとラベル・瓶をランダムに組み合わせた商品は現実には販売されていない架空の商品である．よって，それを評価するグループ 2 の被験者は，そのラベル・瓶の特性と液体の特性の組み合わせを意外に思ったかもしれず，それが実験結果に重要な影響を与えていたかもしれない．しかし，意外性の結果を見ると，グループ 2 の被験者は通常販売されているワインとラベル・瓶の組み合わせを評価したグループ 1 の消費者より意外性を感じていなかったので，そのような可能性は重要ではないと判断できる．

　最後に購買確率のグループごとの違いを見る．グループ 1 と 2 は購買確率はほぼ等しいが，グループ 3 の購買確率はグループ 1, 2 よりはるかに低い．ワインから得られる便益が液体の評価にのみ依存するのであれば，全般的に液体の評価が高いグループ 1 の購買確率が最も高く，グループ 2 と 3 の購買確率がほぼ同じであることが予想されるが，そのような結果は得られなかった．この結果から，消費者にとってのワインから得られる便益は，単に液体の消費ではなく，ラベル・瓶から得られる効用も重要であることがわかる．Imai et al. (2019c) は購入する場合のワインの用途も聞いているが，贈答，パーティーへの持参，家族や仲間との飲酒などの社会的な消費のために購入するとの回答が多い．その場合は，ワインの提供者は液体だけではなく，ラベル・瓶を見せることによって，社会的承認欲求を満足させることができると考えることができる．

　以上の結果をまとめると，この実験の新しい貢献は瓶とラベルを液体とランダムに組み合わせた架空の商品を消費者に評価してもらい，それと市販のワインの評価とを比較したことである．ラベルや瓶に表されているブランドが液体とランダムに組み合わされているだけでは，液体の評価はラベルや瓶

の影響を排除したブラインド・テイストによって得られた評価と同じかそれ以下でしかなかった．それとは対照的に，市販のワインの液体は，ブランドと液体がランダムに組み合わされた架空の商品よりも液体の評価は高く，少なくともブラインド・テイストによる評価と同等か，多くの場合それ以上の評価を得ている．その反面，ブラインド・テイストによって評価されたワインの購買確率は，ラベル，瓶のあるワインよりも遥かに低い．

つまり，ラベル，瓶によって表されるブランドが中身の消費から得られる効用に正の影響を及ぼすためには，ブランドと中身の組み合わせが大事であり，市販のワインではその組み合わせが効果的に行われていることが検証された．他方，ブランドが中身の特徴に関係なく無造作に付与された製品の購買確率はブランドが示されていない製品より高いが，その効果は中身の消費と関係のないブランド自体の消費者に与える便益を計測していることになる．

次に，Imai et al.（2019c）は被説明変数をワインの味わいの評価，そして説明変数をラベルの外見の評価とした回帰分析を行った．式としては，

$$W_{ij} = B_{ij}\alpha_j + \epsilon_j$$

と表される．ここで W_{ij} はグループ j, 被験者 i のワインの香り，または味わいの評価であり，B_{ij} はグループ j, 被験者 i のワインのラベルの評価のベクトルである．まずワインの香りが被説明変数であるグループ2の結果を検討する．グループ2では，ラベルと中身の液体がランダムに配置されているので，被験者のラベルの評価が液体の香りや味わいの評価に影響を与えない限り，ラベルとワインの評価は無関係である．つまり，その場合，係数 α_j の推定値はゼロに近いか，または有意ではないことが期待される．

ワインの香りに関する推定結果は表2.5.3に表示する．グループ2では，定数項以外の多くの係数がゼロに近いか有意ではないか，またはその両方であることがわかる．例外として「シンプル〜目を引く」の評価が負に有意に，そして「安そう〜高級そう」の評価が正に有意に計測され，またカリフォルニアワインのラベルが負に有意に計測された．よって，これらの3つのラベルの性質が，被験者の香りの評価に影響を及ぼしたことがわかる．

次にグループ1の被験者から得られた結果を検討する．その場合は，定数
項と軽やか〜重厚の評価の係数のみが正に有意であり，それ以外の係数はい
ずれも統計的に有意性を持たない．つまり，グループ2の推定結果とグルー
プ1のそれとは異なることが理解できる．グループ2では実験の設定時にワ
インの液体とラベルの付いた瓶をランダムに入れ替えたので，ワインのラベ
ルと液体とが何の関係もない．言い換えれば，ラベルと瓶と，ワインの組み
合わせをブランド戦略と考えると，グループ2ではワインがブランド戦略が
ない状態で被験者に提供された．グループ1ではワインの液体を同じ瓶に入
れ直して被験者に提供した．よって，もしもワインの生産者がブランド戦略
がないままにそれぞれの商品をラベルの付いた瓶に入れて売っていたとする

表2.5.3　ワインのラベルの評価と香りの評価との関係

被説明変数：香りの評価	グループ2	t値	グループ1	t値
定数項	4.718	7.36**	4.335	5.12**
クラシック〜斬新	0.060	0.47	0.074	0.44
軽やか〜重厚	0.094	0.79	0.528	2.99**
シンプル〜目を引く	−0.259	−2.35**	−0.087	−0.53
美味しくなさそう〜とても美味しそう	0.058	0.32	0.182	0.70
安そう〜とても高級感	0.324	2.28**	−0.183	−0.88
嫌い〜とても好き	0.039	0.23	0.031	0.13
ボルドー	−0.180	−0.07	−0.359	−0.96
カリフォルニア	−0.807	−3.15**	0.058	0.16
サンプル数	342		149	
R^2	0.0814	0.0593	0.0810	0.0285

注：*は有意水準10%の統計的有意性を示し，同様に**は有意水準5%の統計的有意
性，そして***は有意水準1%の統計的有意性を示す．

と，回帰分析の係数の推定値はグループ2のものに近くなることが期待された．しかし，グループ2では軽やか〜重厚の評価の係数は有意ではないが，グループ1では正に有意に推定され，グループ2ではシンプル〜目を引くの評価の係数が有意に負であり，安そう〜とても高級感があるの評価の係数が正に有意に推定されているが，グループ1では両係数とも有意ではない．このようなグループ2とグループ1との係数の比較から，ワインの生産者は，ブランド戦略として，香りのよいワインを重厚であり，目を引き，安そうと消費者に評価されるラベルの付いた瓶に入れていることがわかる．

表2.5.4では，ワインの味わいに関するグループ2と1の推定結果を表示している．グループ2の被験者に関しては，定数項と，安そう〜とても高級感があるという評価の係数が正に有意に推定されている．よって，消費者はよ

表2.5.4　ワインのラベルの評価と味わいの評価との関係

被説明変数：味わいの評価	グループ2	t値	グループ1	t値
定数項	4.203	7.07***	4.694	5.89**
クラシック〜斬新	0.100	0.84	0.144	0.90
軽やか〜重厚	0.100	0.90	0.391	2.35**
シンプル〜目を引く	−0.097	−0.95	−0.302	−1.98**
美味しくなさそう〜とても美味しそう	0.032	0.19	0.297	1.18
安そう〜とても高級感	0.377	2.86**	−0.275	−1.41
嫌い〜とても好き	0.115	0.74	0.208	0.94
ボルドー	−0.118	−0.51	−0.139	−0.40
カリフォルニア	−0.279	−1.18	−0.340	−0.99
サンプル数	342		146	
R^2	0.0698	0.0475	0.0999	0.0473

注：*は有意水準10%の統計的有意性を示し，同様に**は有意水準5%の統計的有意性，そして***は有意水準1%の統計的有意性を示す．

り高級感があるラベルの付いた瓶にワインが入っていると，それがより味わいがあると評価してしまうことがわかる．他方，グループ1の被験者に関しては，定数項，軽やか〜重厚の評価の係数が正に，そしてシンプル〜目を引くの評価の係数が負に有意に推定されている．そして，安そう〜とても高級感があるという評価の係数は有意ではない．両グループの結果を総合すると，ワインの製造者は，ワインのブランド戦略として，より味の評価が高いワインの液体を，より安そう，重厚，そしてシンプルであると消費者から評価されるようなラベルの付いた瓶に入れていることがわかる．

　表2.5.5では，ワインのバランスに関してのグループ2と1の推定結果を表している．グループ2の被験者に関しては，ワインの味わいに関する結果と同様に，定数項と，安そう〜とても高級感があるという評価の係数が正に有意に推定されている．そしてグループ1の被験者に関しては，軽やか〜重厚

表2.5.5　ワインのラベルの評価とバランスの評価との関係

被説明変数：バランスの評価	グループ2	t値	グループ1	t値
定数項	4.733	8.41***	5.026	6.98**
クラシック〜斬新	−0.005	−0.04	0.106	0.74
軽やか〜重厚	0.072	0.68	0.446	2.96**
シンプル〜目を引く	−0.031	−0.32	−0.184	−1.33
美味しくなさそう〜とても美味しそう	0.127	0.81	0.129	0.60
安そう〜とても高級感	0.268	2.15**	−0.345	−1.97*
嫌い〜とても好き	0.050	0.35	0.320	1.64
ボルドー	−0.171	−0.78	−0.173	−0.54
カリフォルニア	0.354	−1.56	−0.506	−1.65
サンプル数	349		149	
R^2	0.593	0.0372	0.1088	0.0579

注：*は有意水準10%の統計的有意性を示し，同様に**は有意水準5%の統計的有意性，そして***は有意水準1%の統計的有意性を示す．

の評価の係数が正に，そして安そう〜とても高級感があるという評価の係数が有意度10パーセントで負に推定されている．そのような結果から総合されることは，製造者はブランド戦略として，よりバランスが取れた味わいのワインを，より重厚であり，より安そうに見えるラベルに入れていることがわかる．

　以上の結果においてこれから特に注目することは，以下の2点である．第1に，グループ2の分析の結果から，消費者はより高級そうなラベルの付いた瓶の中のワインはそれだけでより香りや味がよく，そしてバランスが取れたワインであると評価することである．第2に，グループ2の結果とは対照的にグループ1ではラベルの高級感と液体の評価の間に有意な関係がないか，または負の関係がある．その際に，係数がゼロであることが帰無仮説であったが，係数がグループ2の推定値である帰無仮説の検定を考察すると，ラベルの高級感と液体の香りとの関係ではt値は-2.43，ラベルの高級感と液体の味との関係では-3.34，そしてラベルの高級感と液体のバランスとの関係では-3.5であり，いずれの場合も両側検定において有意水準1パーセントで有意である．よって，グループ1の係数がグループ2の係数に等しいという帰無仮説，そしてグループ1の係数がグループ2の係数に等しいかそれより大きいという帰無仮説は有意水準1パーセントで棄却される．

　次には，このような結果をもたらす原因を考えてみる．グループ1と2では配布するワインの種類はほぼ同じであり，被験者はランダムに配属されたので，ワインや被験者が原因であるとは考えにくい．よって，有意な結果がワインや被験者の違いによるものであるとは考えにくい．よって，これらの違いはグループ1では市販のワインを被験者に提供し，グループ2ではラベル，瓶と中身をランダムに組み替えたワインを提供したことによると考えることが妥当である．そのように考えると，グループ2の結果からわかるように，本来より高級そうなラベルは液体の評価を高めるのであるが，グループ1の結果によると，市販のワインはその効果を打ち消すようにワインとラベルを組み合わせていることである．よって，一つの可能性として，実際のワインの生産者はより高級そうなラベルの付いた瓶の中にはより香りや味が悪く，そしてバランスが悪いと消費者から評価されるワインを入れていること

もありうる.

　このような結果をどのように解釈すればよいのであろうか. 本論ではシグナル理論に基づいた考察を行ってみる.

　シグナル理論では, 消費者はワインを味わう前にはワインの液体の香り, 味に関して情報を持たない. ワインを購入して味わった後では, 学習によって, ワインの香りや味をある程度は評価することができると考える. 良質な生産者は消費者に購入する前にワインが良質であることを消費者に知らせたいが, そのとき, 良質ではないワインの生産者も同様の行動を取ると, 消費者はどのワインが良質であるか事前にはわからなくなる. もちろん消費後には, 消費者はどちらが良質であるかはある程度把握でき, 良質なワインのみ固定客ができるが, 良質ではないワインの生産者も消費者一人当たり一度は商品を売ることができ, それによって十分利益が得られる. よって, ワインの品質を訴える宣伝広告のみでは, 高品質のワインの生産者はワインの品質を消費者に伝えることができない.

　この場合は, 宣伝広告の費用が品質のシグナルとして有効であることがNelson (1974), Klein and Leffler (1981) 等の理論的な分析によって明らかになった. つまり, 消費者が購買後に固定客となる可能性が高いことが見込まれる高品質の生産者は, 宣伝費用に膨大な費用を投入しても十分に利潤を得られる. ところが低品質の, 消費者から一度の購買しか期待できない生産者は, 膨大な宣伝費用を回収できる程の利潤を一度しか買わない消費者から得ることができない. よって, 高品質な商品の生産者のみ高額な宣伝費用を支出できる. 合理的な消費者はそのことがわかっているので, 商品の品質に関して情報を持っていなくても, 高額な宣伝費用を支出する企業の商品が質が高いと判断し, そのような商品を購入する. すると, 消費者は予想通り高品質な商品のみを購入できる. このような理由で, 均衡においては宣伝広告の費用が品質のシグナルとなる. もちろんそのためには, 宣伝広告費用が消費者に情報として伝わらなければならない. そのために, 企業はできるだけ宣伝広告費用がわかりやすいような広告を作成する.

　このようなシグナル理論によると, ワインのラベルが安そう〜高級であるとのラベルの評価は宣伝広告費用として消費者に認識されているとし, その

ようなラベルの評価がシグナルとして機能すると考えることは自然である．よって，これから以上のようなシグナル理論に基づく結果の解釈を試みる．

　消費者はワインの試飲前に，ワインの品質に関して何らかの事前情報を持っているとする．それを以下のように定式化する．

$$W_{ij} = B_{ij}\underline{\gamma} + \underline{\epsilon}_{ij}$$

　以前と同様に，B_{ij} はグループ j の消費者 i のラベルの評価であり，W_{ij} はその消費者のワインの液体の評価である．シグナル理論が成立すると考えると，消費者はワインを消費する前は，ワインに関する事前情報は持たず，ラベルをシグナルとして用いる．その場合，より高級な印象を持つラベルの中により高品質なワインが入っていると考えるので，シグナル理論によると γ はプラスであると予想される．

　まずグループ2の場合を考察する．事前分布は，同様に

$$W_i = B_{ij}\underline{\gamma} + \underline{\epsilon}_{ij} \tag{2.5.1}$$

と書き表される．その場合は製品 j のラベルの瓶に製品 k のワインの液体を入れているので，$W_i = W_{ik}$ である．次に実際に被験者が試飲するワインの液体とラベルの関係を次のように定式化する．

$$W_i = B_{ij}\gamma_2 + \epsilon_{ik} \tag{2.5.2}$$

　グループ2ではワイン k とラベル j はランダムに組み合わせられているので，ラベルの特徴とワインの液体の特性との間の相関はない．よって，もし消費者が事前の思い込みを全く持たず，ワインの液体とラベルをその客観的な特性によってのみ評価すると考えるとラベルの評価とワインの液体の評価には何の関係がない．よって，式 (2.5.2) において $\gamma_2 = 0$ が成立しなければならない．

　ワインとラベルの評価の事後分布は，最も簡単な状況のもとでは，事前分布とワインとラベルの評価がその客観的な特性のみによって形成された場合の加重平均として以下のように表すことができる．

$$W_i = B_{ij}\bar{\gamma} + \epsilon_i, \ W_i = W_{ik} \tag{2.5.3}$$

$$\bar{\gamma}_2 = \alpha_2\underline{\gamma} + (1 - \alpha_2)\,\gamma_2, \ 0 < \alpha_2 < 1 \tag{2.5.4}$$

　α_2 は消費者のワインの評価における事前分布のウェイトを示す．つまり，α_2 が1に近ければ近いほど，消費者はワインの試飲後にワインの液体の評価を行う場合，実際に味わった経験を軽視して事前の思い込みにこだわる，つまり実際の試飲経験から学習していないことになる．逆に，α_2 が0に近ければ近いほど消費者は事前の思い込みにこだわらず，実際のワインの液体の特徴に基づいた評価をすると考える．よって，$1 - \alpha_2$ はワインの味わいの学習効果の度合いであると考えることができる．$1 - \alpha_2$ が大きければ大きいほど，消費者は試飲での香り，味わい，そしてバランスを重視しており，よって学習効果が大きいことになる．ワイン k の液体とラベル j はランダムに組み合わせられているので，$\gamma_2 = 0$ でなければならないので，それを式（2.5.4）に代入すると，

$$\bar{\gamma}_2 = \alpha_2\underline{\gamma},$$

よって，

$$\underline{\gamma} = \frac{\bar{\gamma}_2}{\alpha_2} \tag{2.5.5}$$

が成立する．

　表2.5.3から表2.5.5において示された結果からわかるように，ラベルの高級感の係数は有意に正の値に推定されたので，$\bar{\gamma}_2 > 0$ と推定された．α_2 はプラスであるので，$\underline{\gamma} > 0$ が成立する．よって，グループ2の回帰分析の結果から，消費者の事前分布では，ラベルの高級感の評価と，ワインの香り，味わい，そしてバランスの評価が正の関係である．つまり，実際に消費する前には，消費者はより高級感のあるラベルには，より品質の高いワインの液体が入っていると考えていることがわかった．

　次にグループ1の結果を同様に考察する．被験者は各グループにランダムに配属されたので，各グループにおける被験者の特性は大体同じであると考

えることができる．よって，グループ2の被験者の事前分布とグループ1の被験者の事前分布は同じであると考えても，事実と大きく異なるとは考えにくい．よって，そのように仮定する．つまり，事前分布は

$$W_i = B_{ij}\underline{\gamma} + \underline{\epsilon}_{ij}$$

と定式化され，さらにグループ2の分析から導き出されたように，$\underline{\gamma} > 0$ が成立する．つまり，グループ1の消費者も，グループ2と同様に，より高級感のあるラベルには，より品質の高いワインの液体が入っていると考える．

次に実際のワインとラベルの関係を同様に定式化すると，以下のようになる．

$$W_i = B_{ij}\gamma_1 + \epsilon_{ij} \tag{2.5.6}$$

この場合は製品 j のラベルの瓶に製品 j のワインの液体を入れているので，$W_i = W_{ij}$ である．γ_1 は企業のブランド戦略，つまり実際企業が製品 j のラベルの瓶に，どのような特徴を持つ液体を入れるかに依存するので，その符号は事前に設定できない．

最後にグループ2と同様にグループ1のワインとラベルの評価の事後分布を以下のように表す．

$$W_i = B_{ij}\bar{\gamma}_1 + \epsilon_{i,} W_i = W_{ik} \tag{2.5.7}$$
$$\bar{\gamma}_1 = \alpha_1\underline{\gamma} + (1 - \alpha_1)\,\gamma_1, 0 < \alpha_1 < 1 \tag{2.5.8}$$

α_1 は消費者のワインの評価における事前分布のウェイトを示す．式 (2.5.5) を用いると，式 (2.5.8) は以下のように表すことができる．

$$\bar{\gamma}_1 = \frac{\alpha_1}{\alpha_2}\bar{\gamma}_2 + (1 - \alpha_1)\gamma_1 \tag{2.5.9}$$

表2.5.3から表2.5.5に示された結果からわかるように，グループ1の被験者に対する実験では，ラベルの高級感の係数は10パーセントの有意水準で有意に負の値に推定されたか，もしくは有意に推定されなかった．さらに，グループ1の係数はすべての場合グループ2の係数より低く，それがグルー

プ2の係数と等しいことを帰無仮説とすると，すべての場合それはグループ1のデータを用いた検定では有意水準1パーセントで棄却された．それは$\bar{\gamma}_1<\bar{\gamma}_2$を意味する．よって，これらの検定結果から$\bar{\gamma}_1<\bar{\gamma}_2$が成立しているという結論が導かれる．よって，式 (2.5.9) から

$$\left(1-\frac{\alpha_1}{\alpha_2}\right)\bar{\gamma}_2 = \bar{\gamma}_2 - \frac{\alpha_1}{\alpha_2}\bar{\gamma}_2 > \bar{\gamma}_1 - \frac{\alpha_1}{\alpha_2}\bar{\gamma}_2 = \left(1-\alpha_1\right)\gamma_1$$

が成立する．$\bar{\gamma}_2>0, 0<\alpha_1<1, 0<\alpha_2<1$ より，

$$\left(1-\alpha_1\right)\gamma_1<\left(1-\frac{\alpha_1}{\alpha_2}\right)\bar{\gamma}_2<\left(1-\alpha_1\right)\bar{\gamma}_2 \tag{2.5.10}$$

が導出される．よって，$\gamma_1<\bar{\gamma}_2=\alpha_2\,\gamma<\gamma$が成立する．さらに，もし$\alpha_1\geq\alpha_2$と仮定すると，$\gamma_1\leq0$となる．つまり，消費者が購入前に想定しているラベルの高級感と液体の品質との正の関係が，市販のワインにおける実際のラベルと中身の品質の関係よりも高いことがわかる．また，もしグループ1とグループ2の学習パラメータが$\alpha_1\geq\alpha_2$を満たしていれば，式 (2.5.10) より市販のワインにおいては実際のラベルと高級感と中身の品質との関係はゼロか負になってしまう．シグナル均衡においては，消費者が購入前に想定しているブランドと液体の品質の関係と，市販のワインにおける関係とが等しくなければならないので，このような結果はシグナル理論とは整合的ではない．よって，ワインのラベルは消費者にワインの品質の情報を伝達するようなシグナル機能を持たないことが実証的に検証されたことになる．

　次にどのような理由で以上のような結論が得られたかをさらに検討する．まず気になることは，グループ2のワインの不自然さである．つまり，グループ2ではラベルとワインの液体をランダムに組み合わせて被験者に提供しているが，そのような製品は実際には売られていないので，被験者もそのようなワインを消費したことがない．また，被験者にはランダムに組み替えたことは知らされていない．よって，実際に試飲したグループ2の被験者は，ワインのラベルと液体の関係に関して不自然な印象を持ち，試飲の後のワインの液体に関する評価において通常とは異なる評価を行った可能性も否定でき

表2.5.6　ラベルの高級感の評価とワインの液体の評価との関係

	グループ2		グループ1	
	係数	t値	係数	t値
被説明変数	香りの評価			
印象通り	0.2782	1.61	− 0.2307	− 0.85
そうではない	0.2734	1.08	− 0.1275	− 0.38
被説明変数	味わいの評価			
印象通り	0.3477	2.12**	− 0.2640	− 0.93
そうではない	0.3586	1.67	− 0.2520	− 0.84
被説明変数	バランスの評価			
印象通り	0.2177	1.44	− 0.3356	− 1.49
そうではない	0.2505	1.22	− 0.3385	− 1.19

注：＊は有意水準10％の統計的有意性を示し，同様に＊＊は有意水準5％の統計的有意性，そして＊＊＊は有意水準1％の統計的有意性を示す.

ない.

　そこでImai et al.（2019c）は被験者にワインの外観の印象と比較して味は意外であったかどうか質問し，印象通りと答えた被験者と，そうは答えなかった被験者（やや印象と違う，印象と違う，かなり印象と違う）と別々に推定を行った．表2.5.6では，ラベルの高級感の係数の推定値のみ報告する.

　データを印象通りと答えたサンプルと，印象通りではないと答えたサンプルに分けて別々に推定したので，サンプル数がそれぞれ減少した．その結果推定値のt値が低下したので，表2.5.3から表2.5.6の結果より統計的に有意な結果は少ない．しかし係数の値そのものは表2.5.3から表2.5.6で報告されたものに近い．また，係数の値は印象通りのグループとそうではないグループとでは類似性が高い.

　より具体的には，グループ2の係数は，統計的に有意な推定値は印象通りであると報告したグループの味わいの係数のみであるが，すべての推定値は正の値であり，またグループ1の係数は有意ではないが，すべて負の値をとっている．これらの結果から言えることは，ラベルの高級感の係数の符号のグ

ループ2とグループ1との不一致は被験者のグループ2のワインに関する違和感が原因ではないということである．

　次に，シグナル理論の妥当性に関してさらなる分析を行う．シグナル均衡が成立しているためには，消費者のワインのラベルの高級感と液体の関係の事前分布が事後分布と等しくなければならないが，その仮説は実験結果によってを統計的に支持されていない．その一つの理由として考えられることは，消費者はワインの品質について学習するだけではなく，シグナル均衡の性質についても多くの種類のワインを消費することによって初めて学習するということである．この可能性を検証するために，ラベルの高級感の評価とワインの液体の評価をワインの経験の多寡に分けて推定した．推定結果は表2.5.7，表2.5.8に報告する．表2.5.7の結果においては，ワインの経験年数をワインの経験値を表す変数として用いた．

　まず，グループ2の消費者の推定結果を考察する．そこでわかるように，

表2.5.7　ワインの液体の評価とラベルの高級感の評価との関係：ワインの経験年数別の推定値

	グループ2		グループ1	
	係数	t値	係数	t値
被説明変数	香りの評価			
低経験年数	0.0382	0.19	− 0.0463	− 0.14
高経験年数	0.6104	3.12**	− 0.2544	− 0.93
被説明変数	味わいの評価			
低経験年数	0.2763	1.58	− 0.2560	− 0.80
高経験年数	0.5584	2.84**	− 0.2634	− 0.99
被説明変数	バランスの評価			
低経験年数	0.1366	0.80	− 0.3421	− 1.26
高経験年数	0.4657	2.54**	− 0.3581	− 1.50

注：ワインの経験年数が短い消費者はワインの経験年数が中央値の16年より短い消費者であり，ワインの経験年数が長い消費者はワインの経験年数が中央値の16年またはそれ以上の消費者であるとした．

注：*は有意水準10％の統計的有意性を示し，同様に**は有意水準5％の統計的有意性，そして***は有意水準1％の統計的有意性を示す．

経験年数が短いグループ，つまり経験年数が中央値の16年より短い消費者
は，ラベルの高級感がワインの香り，味わい，そしてバランスに与える効果
の係数が正ではあるが，表2.5.3から表2.5.5までの推定値よりも低く，しか
も推定値は全て統計的に有意ではない．その反面，経験年数が16年または
それ以上の消費者の，ラベルの高級感がワインの香り，味わい，そしてバラ
ンスに与える効果の係数はすべて正であり，表2.5.3から表2.5.5までの推定
値よりも高く推定され，しかもいずれも統計的に有意であることが読み取れ
る．つまり，経験年数の高い消費者の事前分布においては，ラベルの高級感
はワインの品質に正の関係を持つが，経験年数の低い消費者においては，そ
のような関係は事前分布においては統計的有意性を持たないことがわかる．

　次に，同様の考察をグループ1の消費者に関して行う．経験年数が16年
未満の消費者のラベルの高級感がワインの香りに与える効果の係数の推定値
は -0.0463 と負でありゼロに近いが，その他の係数の推定値は全て負であり，

表2.5.8 ワインの液体の評価とラベルの高級感の評価との関係：ワインの消費日数別
の推定値

	グループ2		グループ1	
	係数	t値	係数	t値
被説明変数	香りの評価			
低消費日数	0.2706	1.35	0.5532	1.52
高消費日数	0.3990	1.96*	-0.5735	-2.41^{**}
被説明変数	味わいの評価			
低消費日数	0.3589	1.75*	0.2564	0.73
高消費日数	0.4251	2.46**	-0.5095	-2.22^{**}
被説明変数	バランスの評価			
低消費日数	0.2286	1.19	0.1786	0.62
高消費日数	0.3201	1.92*	-0.5266	-2.37^{**}

注：ワインの消費日数が少ない消費者はワインの消費日数が中央値の週1日より少な
　い消費者であり，ワインの消費日数が多い消費者はワインの消費日数が中央値の
　週1日またはそれ以上の消費者であるとした．
注：*は有意水準10%の統計的有意性を示し，同様に**は有意水準5%の統計的有意
　性，そして***は有意水準1%の統計的有意性を示す．

−0.25から−0.36の間の値をとり，経験年数に依存しない．また，すべての推定値は統計的に有意性を持たない．

表2.5.8では同様の分析を消費日数の違いに分けて行った．具体的には，被験者を消費日数が中央値以下であるグループと，中央値またはそれ以上のグループとに分けて推定を行った．消費日数の中央値は週一日である．まずグループ2の推定結果を考察する．グループ2の被験者においては，ラベルの高級感の評価は香り，味わい，そしてバランスに対して正の効果があるが，消費日数が少ないサブ・グループの方が推定値が小さく，味わいの評価に関して10％で統計的に有意である以外は統計的有意性がない．他方消費日数が多いサブ・グループの方が推定値が大きく，統計的にも有意である．次にグループ1の結果を考察する．グループ1では，消費日数が少ないサブ・グループにおいては推定値が正の符号を持ち，統計的有意性はないが，逆に消費日数が多いサブ・グループにおいては推定値が負の符号を持ち，統計的に有意である．

以上の結果をまとめると，ワインの経験年数，またはワインの消費日数が少ない消費者ほどグループ2と1の推定値のかい離が小さい．特に，ワインの消費日数別にグループを分けた分析においては，ワインの消費日数が少ない消費者においてはグループ2と1の推定値はともに正であるので，ラベルの高級感の評価とワインの液体の評価との関係に関して，消費者の事前分布と企業のブランド戦略が整合的である．

通常の学習理論に即して考えると，ワインの経験が豊富な消費者は，過去の消費経験から実際のラベルの高級感と中身の品質の間の関係をすでに学習し，事前の予想においてそれが反映されていなければならない．しかし，実験の結果では経験が豊富であると考えられる消費者の方が，事前の予想と実際の関係とのかい離が大きい．

以上のような結果はParker（1995）の結果とも異なる．Parker（1995）では，宣伝広告が伝えようとしたことは検眼医の検査のスピードなどの品質に関するシグナルであり，それは消費者にはすぐに学習することが可能であることもあり，正確に受け止められた．その反面，本来消費者に伝えなければならない検査の適格性は，消費者が事後的な学習が困難であるため，シグナルと

して伝達されていない．よって，宣伝広告によっては検眼医と消費者の間の情報の非対称性は解消されていない．しかし，宣伝広告を見たが検査サービスを受けてはいない消費者の検査のスピードに関する事前分布と，検査を受けた後の事後分布は一致している．ところが Imai et al. (2019c) の結果では，ワインの製造業者と消費者との間の情報の非対称性が解消されていない．それだけではなく，消費者の消費前の事前分布と事後分布も一致していない．このような結果は，Klein and Leffler (1981) のシグナル・モデルにおける「その場しのぎの参入者」の行動とより整合的である．

　それでは，なぜワインにおいて基本的なシグナル・モデルが当てはまらないのであろうか．一つの考えられうる理由は，ワインの消費者は贈答，パーティーへの持参，家族や仲間との飲酒などの社会的な消費のために購入するとの回答が多い点である．その場合はブランドのプレステージ効果が Han et al. (2010) のようにより社会的な意味を持つことになっている可能性も考えられうる．つまり，ラベルにプレステージ効果が発生することから，ラベルが与えるイメージほどには高品質でないワインを瓶に入れても問題はないと企業は考えているのかもしれない．実際に企業はそのような非良心的ともいえる戦略に従うのではなく，高級なイメージを与えるようなラベルをつければ，ワインそのものの品質以上にワインの訴求力や商品イメージを高めることができると考えている可能性もある．その場合でも，ワインの品質に不相応なラベルを用いていることには相違はない．しかし，それでは市販のワインは消費者の期待に沿わないような行為を続けているので，なぜ液体の評価がラベルと液体がランダムに組み合わされたワインより高いかが説明できない．

　次に，ラベルに高級感があることと，中身の個性を引き立たせるようなラベルであることとの間にデザイン上のトレード・オフがある可能性を考察してみる．すると，グループ2においては，そもそもランダムに組み合わされている中身の個性とラベルは全く無関係であるので，ラベルの高級感の効果のみが中身の評価に影響することと整合的である．その反面，グループ1においては，高級感をもたせることと，ワインの個性を引き立たせることはトレード・オフ関係にあるので，高級感のあるワインほど個性がないように思

われ，液体の評価が低くなることになり，それはラベルの高級感と中身の関係が有意に正に推定されていないことと整合的である．そして，グループ1の場合，消費者は高級感はないが，そのかわり中身とマッチしたラベルがついている市販のワインを試飲する際には，その個性をより深く味わうことになるので，グループ1の消費者の方がグループ2の消費者より平均的には中身の評価が高くなり，それは実験結果におけるグループ間の中身の評価の違いと整合的である．さらに，もしワインの消費経験が多い消費者ほどワインの個性を楽しむのであれば，そのような消費者ほど上に述べたトレード・オフ関係が強く見られることになり，それもまたワインの消費経験が長い消費者ほどラベルの高級感と液体の評価の関係を示す係数のグループ1と2の間の不一致が強く出る表2.5.7と表2.5.8の結果を説明していることになる．

　ラベルがワインの個性をより強く表現するものとなればなるほど，必然的にそのデザインが他のワインとは異なることになり，そしてそうであればあるほど，「品質」というある共通の尺度において，他のワインに対する優位性を示しにくいデザインとなることが考えられる．デザインに関するこのような考察が妥当であれば，それが今まで述べたトレード・オフの説明となる．今後の研究の方向としては，ラベルのデザインに更に注目し，パターン認知等の手法を駆使し，デザインの独自性等を数値化することによって，それと中身の評価の関係性をさらに分析することが有望であると筆者は考える．

あとがき

　本書では，消費者の在庫形成，または学習行動，そして情報の非対称性が消費に与える効果などを理論，実証両面に関して，筆者が現在進行させている研究も含めて議論した．

　本研究では消費者の日常的な購買行動を分析するが，それはマクロ経済などの分析と比較するとささいな問題であると考えられるかもしれない．しかし，消費者行動は多くの産業組織論，そしてマクロ経済学の基礎ともなる分野であり，しかも近年特に購買履歴データの整備によって，実証的に発展した．私のミネソタ大学での指導教官 Mike Keane 教授もこのような新しい消費者行動の分析の先駆者であり，数々の論文を発表している．

　私が Keane 教授にご指導いただいていたときに特に印象に残っていることは，教授が購買履歴データに記録されている消費者一人ひとりのケチャップの購買行動を，とにかく何日も飽きもせずにひたすら眺めていたことである．その話しぶりを聞いていると，少なくとも何十人の消費者の数年にもわたる購買記録をほぼ暗記しているような印象を持った．私はそこまで購買履歴データに熱くなることができなかったので，退屈そうにしていたことを見破られて，"Susumu，君はなぜこんな面白いものに興味を持てないのか！"と強い口調でおっしゃったことを今でも忘れられない．私がしみじみと感じたことは，やはり経済学者の原点の一つは，ちょうど昆虫学者がミツバチの行動を何年も飽きもせずに興味深く見つめるように，人間の経済行動に飽くなき興味を持ち，データ上でもそれを先入観なしに観察し続けることではないかということである．

　読者の方々もお気づきかと思うが，本書を執筆して改めてわかったことは，私の研究には，とかくテクニックを駆使するが，虚心坦懐にデータを見ることが欠けていることである．今後その点に努力して，少しでも恩師に近

づくことを目指して努力を重ねていく所存である.

謝辞
　本書の執筆にあたり，多くの方々にお世話になりました．公益財団三菱経済研究所の滝村竜介前常務理事にはこのような貴重な機会をいただき，出版まで根気よく励ましていただきました．杉浦純一常務理事からも，内容の本質的な点の洞察に基づく素晴らしいコメントをいただきました．東京大学の松島斉教授には，三菱経済研究所をご紹介いただきました．なお，早稲田大学商学部の菊地雄太講師，城西国際大学の鈴木広人准教授からも多くのご指摘を頂きました．ここに記して深く感謝申し上げます．

Ackerberg, D.A., (2001) "Empirically Distinguishing Informative and Prestige Effects of Advertising." *RAND Journal of Economics* 32(2), pp. 316-333

Allison R. I. and K. P. Uhl (1964) "Influence of Beer Brand Identification on Taste Perception." *Journal of Marketing Research*, 1(3), pp. 36-39

Boizot C., J.-M. Robin and M. Visser (2001) "The Demand for Food Products: An Analysis of Interpurchase Times and Purchased Quantities." *The Economic Journal* 111(470), pp. 391-419

Ching A., T. Erdem and M. Keane (2020) "How Much Do Consumers Know About the Quality of Products? Evidence from the Diaper Market" forthcoming, Japanese Economic Review.

Crawford G. S. and M. Shum (2005) "Uncertainty and Learning in Pharmaceutical Demand," *Econometrica*, 73(4), pp.1137-1173

Erdem T., S. Imai and M. P. Keane (2003) "Brand and Quantity Choice Dynamics under Price Uncertainty," *Quantitative Marketing and Economics* 1(1), pp. 5-64

Erdem T., and M. Keane (1996) "Decision-Making under Uncertainty: Capturing Dynamic Brand Choice Processes in Turbulent Consumer Goods Markets," *Marketing Science*, 15(1), pp. 1-20

Han, Y.J., J. C. Nunes and X. Drèze (2010) "Signaling Status with Luxury Goods: The Role of Brand Prominence," *Journal of Marketing*, 74(4), pp. 15-30

Hendel I. and A. Nevo (2006a) "Sales and Consumer Inventory." *RAND Journal of Economics* 37(3), pp. 543-561

Hendel I. and A. Nevo (2006b) "Measuring the Implications of Sales and Consumer Inventory Behavior," *Econometrica* 74(6), pp. 1637-1673

Imai S., Y. Kikuchi and H. Suzuki (2019a) "A Dynamic Model of Consumer Behavior: Purchase, Consumption and Inventories," mimeo, Hokkaido University.

Imai S., Y. Kikuchi and H. Suzuki (2019b) "Estimating the Learning Model with Exogenous Learning," mimeo, Hokkaido University.

Imai S., K. Nakata and Y. Ohno (2019c) "A Study of Brands using the Wine-Tasting Experiment," mimeo, Hokkaido University.

Kano K. (2018) "Consumer Inventory and Demand for Storable Goods: New Evidence from a Consumer Survey." *The Japanese Economic Review*, Vol. 69(3), pp. 284-305

Klein B. and K. B. Leffler (1981) "The Role of Market Forces in Assuring Contractual Performance," *Journal of Political Economy* 89(4), pp. 615-641

Mehta N., S. Rajiv and K. Srinivasan (2004) "Role of Forgetting in Memory-Based Choice

Decisions: A Structural Model," *Quantitative Marketing and Economics*, 2, pp. 107–140.

Nelson, P. (1974) "Advertising as Information," *Journal of Political Economy*, 82(4), pp. 729–754

Parker P. M. (1995) "'Sweet Lemons': Illusory Quality, Self-Deceivers, Advertising, and Price," *Journal of Marketing Research*, 32(3), pp. 291–307

Plassmann H., J. O'Doherty, B. Shiv, and A. Rangel (2008) "Marketing Actions can Modulate Neural Representations of Experienced Pleasantness," *Proceedings of the National Academy of Sciences*, 105(3), pp. 1050–1054

著者紹介

今井　晋

1987年　東京大学経済学部卒業

1998年　ミネソタ大学大学院経済学研究科修了（Ph.D）

現在　　北海道大学経済学研究院教授

　　　　元・三菱経済研究所研究員

消費者行動の理論と実証

2021年 3 月30日　発行

定価　本体 1,000 円＋税

著　　者　　今　井　　晋
　　　　　　（イマ　イ）　（ススム）

発 行 所　　公益財団法人　三菱経済研究所
　　　　　　東 京 都 文 京 区 湯 島 4-10-14
　　　　　　〒 113-0034 電話 (03)5802-8670

印 刷 所　　株 式 会 社 国 際 文 献 社
　　　　　　東 京 都 新 宿 区 山 吹 町 332-6
　　　　　　〒 162-0801 電話 (03)6824-9362

ISBN 978-4-943852-81-0